MITTEILUNGEN AUS DEM FRANKFURTER STADTARCHIV

3

1436 – 1986
550 Jahre Stadtarchiv Frankfurt am Main

Eine Kurzübersicht über seine Bestände

von
Konrad Bund

Verlag Waldemar Kramer, Frankfurt am Main

CIP-Kurztitelaufnahme der Deutschen Bibliothek

Bund, Konrad:

1436—1986 [Vierzehnhundertsechsunddreißig bis neunzehnhundertsechsundachtzig] — 550 [fünfhundertfünfzig] Jahre Stadtarchiv Frankfurt am Main : e. Kurzübersicht über seine Bestände / von Konrad Bund. [Stadt Frankfurt am Main, Amt für Wiss. u. Kunst d. Stadt Frankfurt; Stadtarchiv Frankfurt am Main]. — Frankfurt am Main : Kramer, 1986. (Mitteilungen aus dem Frankfurter Stadtarchiv; 3) ISBN 3-7829-0328-5.

STADT FRANKFURT AM MAIN

Als Typoskript gedruckt.

Auslieferung für den Buchhandel: Verlag Dr. Waldemar Kramer oHG. Frankfurt am Main

ISBN 3-7829-0328-5

Umschlagbild: Karmeliterkloster Frankfurt
Farbaufnahme von Ursula Seitz-Gray, Frankfurt am Main
Rückseite des Umschlags: Stadtadler von der Gloriosa des Frankfurter Doms, 1877, Abguß 1985.

Umseitig: Stadtadler (1503) der alten Stadtwaage, bis 1944
am Stadtarchivgebäude eingemauert.

Gesamtherstellung: W. Kramer & Co. Druckerei-GmbH in Frankfurt am Main

MITARBEITERN, BENUTZERN UND FREUNDEN
DES
STADTARCHIVS FRANKFURT AM MAIN

I N H A L T S Ü B E R S I C H T

V O R W O R T

Im Jahre 1986 begeht das Stadtarchiv Frankfurt am Main, nicht nur ältestes Kulturinstitut unserer Stadt, sondern auch ältestes deutsches Stadtarchiv überhaupt, sein 550-jähriges Bestehen.

Zwischen der 500-Jahrfeier von 1936 und heute liegt der 29. Januar 1944, der "dies ater" des Frankfurter Stadtarchivs, als eine Zäsur, die zu einer unwiderruflichen Vernichtung eines bedeutenden Teils der einst so reichen historischen Überlieferung unserer Stadt geführt hat. Verarbeiten läßt sich dieser Verlust, der auch den Nachgeborenen fortdauernd schmerzt wie verlorene Glieder nach einer chirurgischen Amputation, nur, wenn man das Feuer dieses Tages als Konsequenz der Bücherverbrennung des 10. Mai 1933 erkennt, als Barbaren auf dem Römerberg einen Brand entzündeten, der die gehaßten Zeugnisse von Geist und Humanität zu Asche verwandeln sollte. (Vgl. unten S. 57!) Es ist von beklemmender symbolischer Aussagekraft, daß am Tag nach dem Bombenangriff, am 30. Januar 1944, am Ort eben dieses Autodafés vom Feuersturm aus den Ruinen des Archivs bis dorthin verwehte Brandreste einer fast tausendjährigen Überlieferung aus dem Schutt aufgeklaubt werden konnten.

Erst jetzt, über 40 Jahre danach, nach Jahrzehnten geprägt durch Provisorien, Improvisationen und übermächtigen Druck alltäglicher Verwaltungsgeschäfte, ist es möglich geworden, die erhaltenen Reste des Historischen Archivs zu revidieren, teilweise bereits neuzuordnen und die seit 1945 übernommenen Bestände erstmals in einen systematischen Gesamtzusammenhang zu stellen.

Diese vom Verfasser 1979 begonnenen Arbeiten haben trotz mancher Behinderung durch personelle und materielle Unzulänglichkeiten jetzt einen Stand erreicht, daß im Vorgriff auf die in Arbeit befindliche ausführliche Beständeübersicht eine vorläufige, bewußt knapp gehaltene Kurzfassung zur Arbeitserleichterung für die Mitarbeiter und als Hilfe für die Benutzer des Stadtarchivs vorgelegt werden kann. Die relativ umfangreiche Bebilderung soll einen augenfälligen Eindruck von der Breite des Spektrums des Frankfurter Quellenmaterials und von der Bedeutung und Aussagekraft der neuentstandenen Bilddokumentation vermitteln.

Der Verfasser weiß sich seinen älteren Kollegen und den Mitarbeitern des Stadtarchivs für Verständnis, Rat und Unterstützung zu großem Dank verpflichtet. Namentlich möchte er den Anteil herausheben, den Herr Bernd Seidel durch unermüdlich-zuverlässigen Einsatz bei Ordnungsarbeiten und er und Frau Archivinspektorin Karin Carl-Neubauer während ihrer Ausbildungszeit durch ihre verdienstvolle Mitarbeit bei der Beständerevision am Gelingen dieses Unternehmens gehabt haben. Frl. Manuela Hartmann hat sich, noch am Beginn ihrer Berufstätigkeit stehend, engagiert den schwierigen Problemen der Herstellung und Gestaltung der Druckvorlagen dieser Veröffentlichung gestellt. Ihnen gilt der besonders herzliche Dank des Verfassers.

Wenn diese Veröffentlichung als *Heft 3* der *Mitteilungen aus dem Frankfurter Stadtarchiv* erscheint, so übersieht der Verfasser keineswegs, daß Heft 1/2, die Festschrift des Jahres 1936, ihrer Entstehungszeit peinlich bereitwillig Tribut gezollt hat. Es ist aber eine Frage der geistigen Hygiene, dies als Ergebnis eines folgerichtigen historischen Prozesses zu begreifen und nicht als "Betriebsunfall" abzutun und möglichst dem Vergessen anheimzugeben.

Das Stadtarchiv, das sich als institutionalisiertes historisches Bewußtsein unserer Stadt begreift, tut gut daran, nicht zu verdrängen, daß es selbst wie ein Konjunkturritter von der genealogischen Judenriecherei jener Jahre profitiert und militaristischem Ungeist durch entsprechende Öffentlichkeitsarbeit Vorschub geleistet hat. Die Numerierung "Heft 3" soll in der Erinnerung halten, daß es ein "Heft 1/2" gegeben hat. Es ist vorgesehen, in dieser Reihe weitere Findbücher des Stadtarchivs der Öffentlichkeit zugänglich zu machen.

Frankfurt am Main, am 15. September 1985,
dem 50. Jahrestag der Nürnberger
Schandgesetze

Konrad Bund

Frankfurter Volksblatt (Montage) Nr. 341, 1938 Apr. 13

Seite 6 — Nr. 341

Schallplatten im Stadtarchiv

100 000 Urkunden auf 10 km Regalen

Nachdem Archivdirektor Dr. Ruppersberg kürzlich in Ruhestand trat, wurde nunmehr Archivrat Dr. Gerber zum Archivdirektor ernannt und mit der Leitung des Stadtarchivs betraut. Dr. Gerber befindet sich augenblicklich auf einer längeren Studienreise in der Ostmark; wir haben seinen Vertreter, den seit August in Frankfurt tätigen Archivrat Dr. Koeppel nach den neuen Aufgaben und Plänen des Stadtarchivs befragt.

Das historische Archiv geht zurück bis in die Zeiten der ersten Kaiserpfalz und umfaßt alle Bereiche des städtischen Lebens. Die eigentliche Sammlung der Bestände beginnt im 13. Jahrhundert. Zunächst war das Stadtarchiv in der Hauptsache nur eine Aufbewahrungsstätte aller im Bereich Frankfurts anfallenden Urkunden und Akten. Selbst nach dem Kriege, als bereits die familiengeschichtlichen Forschungen einen größeren Umfang annahmen, zählte man im Stadtarchiv „nur“ 350 Benutzer mit 2500 Einzelbesuchen. Das Jahr 1925 brachte eine Verdoppelung dieser Benutzerzahl, und seit 1933 ist die Inanspruchnahme des Archivs ständig im Wachsen begriffen. Im Jahre 1937 wurden 1112 Benutzer mit 7110 Besuchen gezählt, 29 143 Aktenstücke und Urkunden wurden vorgelegt, der Schriftverkehr stieg auf über 1000 Briefe im Monat und übertraf damit sogar die Benutzungsziffern bedeutender Staatsarchive. Das Frankfurter Stadtarchiv ist nicht allein das älteste, sondern neben Köln auch das größte Archiv dieser Art in Deutschland. Die Länge der Regale, auf denen Archivalien aufgestellt sind, beträgt zehn Kilometer, darunter allein die 100 000 Einzelurkunden.

Quellen zur Judenfrage

Die Akten des Archivs sind eine wichtige Quelle für die Erforschung der Judenfrage in Frankfurt. Es gibt zahlreiche Darstellungen der Judenfrage in Frankfurt, meist von Juden geschrieben. Sie alle sind aber geflissentlich an einer wichtigen Quelle ängstlich vorbeigegangen, an der Tatsache, daß sich im Frankfurter Stadtarchiv allein für die Zeit von 1680 bis 1800 Kriminalakten von 15 000 Kriminalfällen befinden, die gegen Juden verhandelt worden sind.

Das Schallplatten-Archiv

Um den wachsenden Gegenwartsaufgaben besser als bisher gewachsen zu sein, wurde beim Stadtarchiv die „Zeitgeschichtliche Abteilung“ eingerichtet. Sie sammelt, sichtet und ordnet den gesamten Stoff zum Frankfurter Gegenwartsgeschehen. Alle Zeitungen, Zeitschriften, Vereinsberichte, Jahresberichte und sonstigen Mitteilungen werden hier verarbeitet. Von 1932 bis heute umfaßt die Sammlung der „Zeitgeschichtlichen Abteilung“ weit über 12 000 Blätter. Das Schallplattenarchiv ist noch jüngeren Datums, besitzt aber auch bereits eine große Anzahl von Platten, auf denen wichtige Ereignisse in Frankfurt in Wort und Ton festgehalten sind. So ist der Führerbesuch im Römer auf mehreren Platten festgehalten. Auch die letzte Goethepreisverleihung an Hans Carossa ist im Ton auf einigen Platten aufbewahrt. Selbstverständlich werden von allen wichtigen Ereignissen, bei denen der Funk anwesend ist, Platten hergestellt. Weitere neue Abteilungen sind das Weltkriegsmuseum, das alle Erinnerungen an den großen Krieg sammelt und ordnet und das ebenfalls begonnene Museum der deutschen Einheit. Beide Abteilungen werden auch ihrer Vollendung im Saalhof eine würdige Heimstätte finden.

Beratungsstelle für Familienforschung

Die Beratungsstelle für Familienforschung ist vielleicht die aktuellste Abteilung des Archivs, weil sie von allen am stärksten vom Publikum in Anspruch genommen wird. Die Beratungsstelle besteht bereits seit 1934 und ist damit die älteste in Deutschland überhaupt. Bereits nahezu 3000 Fälle wurden bearbeitet. Viele Anfragen kommen auch von auswärts. Besonders bei schwierigen Nachforschungen oder Beschaffung von Urkunden findet jeder Volksgenosse hier fachkundige Hilfe. Sogar in Fällen, in denen Kirchenbücher verbrannt waren, konnten noch die gesuchten Daten ermittelt werden. r.

Krieg im Archiv erlebt / Ein GA.-Besuch

G.A. 24 Juli 1940

So stellt sich der Laie das Stadtarchiv vor: in dicken Lederschwarten uralte Urkunden, in kaum noch zu entziffernder Schrifttype aufgezeichnet, Chroniken längst vergangener Jahrhunderte vom Staub eingedeckt, Erinnerungen an vergangene Glorie und Ruhm. Aber alles ist ganz anders . . .

jo. Die Arbeit des Stadtarchivars Dr. Gerber ist stark der Gegenwart verhaftet; wie könnte sonst ein Chronik-Werk entstehen, wenn das gegenwärtige Zeitgeschehen nicht in jeder Phase und Abwandlung hier abgefangen und registriert würde. Die Arbeit der zeitgeschichtlichen Abteilung des Stadtarchivs, die nach der Einberufung von Dr. Richter nun von Professor Dr. Drüner, dem Frankfurt schon die geschriebene Geschichte des Weltkriegs verdankt, geleistet wird, ist darum nichts anderes als der archivarische Niederschlag jedes Tages des Frankfurter Zeitgeschehens. Aus unendlich vielen Einzelbildern und Einzelschicksalen soll hier das Gesamtbild, das Schicksal der Gemeinschaft zur Frankfurter Kriegschronik zusammenwachsen. Ehe die erste Seite dieser Kriegschronik einmal geschrieben wird, hat sich in den Sammelmappen des Stadtarchivs ein unendliches Material gesammelt und geschichtet, aus dessen Sichtung und Auslese sich dem Geschichtsschreiber ein klares Bild formen kann.

Kein Gebiet des öffentlichen Lebens darf übergangen oder vergessen werden; es genügt keineswegs, nur das amtliche Material zu erfassen, etwa Verordnungen und Anweisungen der Aemter und Behörden. In ihnen vermag sich freilich schon ein gewaltiges Stück Frankfurter Kriegsgeschichte widerspiegeln. Die Monatsberichte aller städtischen Aemter bieten gewissenhafte Anhalte für die Behandlung etwa der Fürsorgefragen, der städtischen Steuern und Abgaben im Krieg, der städtischen Bautätigkeit, und hier ergibt sich vor allem auch ein umfassender Ueberblick über den gesamten Aufgabenkreis des Wirtschaftsamtes. Die gesamte Lebensmittelversorgung der Frankfurter Bevölkerung, illustriert durch einige Musterbogen der üblichen Lebensmittelkarten und -ausweise läßt sich an Hand der laufend eingehenden Unterlagen überblicken und aufzeichnen. Die Bewirtschaftung von Textil- und Schuhwaren, des Benzins ist im amtlichen Material nachzulesen.

Verwaltungsberichte allein aber böten nur ein einseitiges Spiegelbild. Zu seiner lebendigen Vervollständigung benutzt das Frankfurter Stadtarchiv die Tageszeitungen, in deren Berichten und Reportagen das öffentliche Leben in besonders plastischer und deutlicher Weise zum Ausdruck kommt. Die Sammlung von Zeitungsausschnitten aus den vergangenen Kriegsmonaten ist heute schon zu dicken Bänden angewachsen, und gerade der Archivar weiß die Lebendigkeit dieser Erlebnisberichte zu schätzen.

Blatt für Blatt formt sich hier ein gewaltiges Zeitpanorama. Aus Einzelbildern setzt sich etwa eine Gesamtschau des Verkehrslebens zusammen. Der Frankfurter Trambahnverkehr im Kriege (mit der Einstellung der Omnibuslinien und der Einführung der Schaffnerinnen usw.), der Personen- und Lastwagenverkehr (die Kennzeichnung durch den roten Winkel), alles dies ist in Zeitungsreportagen geschildert.

Die Geschichte der Kriegstrauungen kann auf diese Art festgehalten werden und aus den Anzeigen in den Zeitungen gewinnt der Archivar den ersten Grundstock für das „Ehrenbuch der Gefallenen", das auch nach diesem Kriege der Oeffentlichkeit vorgelegt werden soll. Die Einrichtung der Frankfurter Reservelazarette und mancher schöne Erlebnisbericht von der Verwundetenbetreuung in Frankfurt ist in Zeitungsausschnitten nachzulesen, ebenso wie der Einsatz des Roten Kreuzes und der vielen freiwilligen Helfer und Helferinnen. Ein besonderes Kapitel der Frankfurter Kriegschronik mag auch den Rückwanderern vorbehalten sein, die in Frankfurt zu vielen Tausenden aufgenommen worden sind und die in diesen Tagen in ihre Heimat zurückkehren können. Ausführliche Schilderungen der Urlauberbetreuung und der Soldatenfürsorge liegen in den Sammelmappen verwahrt, Berichte über die Anteilnahme Frankfurts am Kriegshilfswerk, über Liebesgabenspenden und Freiplatzstellen für Soldaten, über Kriegsstudium an der Frankfurter Universität, über den Fortgang des kulturellen Lebens in Frankfurt. Groß und leuchtend wird der freiwillige Einsatz der Heimatfront in der Kriegsfront gezeichnet werden müssen. Zu Tausenden sind Frankfurter Frauen in die Fabriken gegangen; selbst die Jugend hat sich zur Hilfe gemeldet, den Bauern bei der Ernte und auch im städtischen Leben bei Altmaterialsammlungen usw. geholfen.

Interessant mögen auch die Verhandlungen vor dem Frankfurter Sondergericht einmal für spätere Zeiten sein, die zeigen, wie die Kriegsgesetze gehandhabt worden sind. Und in einem besonderen Kapitel mag die direkte Fühlung mit dem Krieg behandelt werden, die unsere Stadt durch die nächtlichen Fliegerangriffe bekam. In Verbindung mit der Tätigkeit des Luftschutzes und der Abwehr ergibt sich auf diesem Gebiete eine umfassende Darstellung des Heimatschutzes.

Noch aber dürften alle diese Unterlagen nicht genügen, Kriegstagebücher, in denen das Menschliche immer noch am besten zu erfassen ist, Eigenerlebnisse Frankfurter Bürger müssen hinzukommen. Schon heute sind dem Stadtarchiv aus den Kreisen der Bürgerschaft viele derartige Selbsterlebnisse und -erinnerungen zur Verfügung gestellt worden.

Generalanzeiger 1940 Juli 24

S. 14-16: Drei Beispiele für "zeitgemäße" Öffentlichkeitsarbeit des Stadtarchivs während des "Dritten Reiches".

Die Kriegschronik Frankfurts wird geschrieben

Das Stadtarchiv sammelt Erinnerungen an eine große Zeit

Das stimmt nun mal ganz und gar nicht, ein Archiv ist nicht bei alten dickleibigen Schwarten oder bei vergilbten und verstaubten Aktenstößen zu suchen, sondern es hat immer dort seine Heimat, wo die Fäden großer und historischer Ereignisse zusammenlaufen. Auch das Frankfurter Stadtarchiv gewinnt seine Bedeutung aus dem Aktuellen und Bleibenden. Professor Dr. Drüner, ein besonderer Kenner der Frankfurter Geschichte, hat es sich für den im Felde stehenden Dr. Richter zu einer wahrhaft dankenswerten Aufgabe gemacht, alles Material für eine später zu schreibende Kriegschronik zu sammeln und im einzelnen auszuwerten. Bereits jetzt schon sind viele Mappen mit allen nur denkbaren Ausschnitten aus Tageszeitungen angelegt, die in chronologischer Folge einen Einblick in die für Frankfurt wichtigen Geschehnisse seit September 1939 ermöglichen. Wer von unseren Nachkommen möchte nicht später einmal nachlesen können, wie der Saarländer-Straßenbahner oder gar die uniformierte Frankfurterin der Straßenbahn wertvolle Dienste leistete oder der kalte Winter den Main monatelang in Eis und Schnee bettete, bis unter lautem Getöse das Eis gesprengt wurde. Hier findet man alles in Wort und Bild. Lebensmittel- und Kleiderkarten, Bezugscheine, Abzeichen der Sammlungen des Kriegswinterhilfswerkes und des DRK., das alles wurde hier gesammelt. Deutsche Frauen und Männer im täglichen Einsatz des Krieges, der Industrie, der Wirtschaft, des Luftschutzes, ihre unschätzbaren Verdienste um die Erhaltung und Steigerung der Produktion und der Sicherung und Fürsorge für die Heimat, werden der Nachwelt genannt als Mitkämpfer einer großen Zeit.

Das größte Gedenken bewahrt aber die Stadt Frankfurt ihren tapferen Frontkämpfern. Feldpostbriefe und im Krieg erbeutete Waffen unseres Traditionsregimentes 81 sprechen wohl die deutlichste und eindrucksvollste Sprache eines siegreichen Entscheidungskampfes. Den gefallenen Söhnen Frankfurts wird, wie uns der Archivar mitteilte, am Ende dieses Feldzuges ein Ehrenbuch gewidmet, das für alle kommenden Generationen eine mahnende Verpflichtung und zugleich ein ewiger Dank an die Tapfersten bedeutet. Tag um Tag reiht sich hier in diesem Archiv ein Stück an das andere, zugesandt aus den vordersten Linien von Frankfurter Soldaten, von Müttern und Frauen unserer Heimat. Was in den Mappen so scheinbar still und stumm verborgen liegt, zeichnet in Worten und Bildern das Leben in Deutschlands allergrößter Zeit. Jeder, auch der noch so kleinste Beitrag, schreibt Geschichte als ein Vermächtnis für alle Zeiten in die Herzen unserer Väter und Söhne, unserer Mütter und Töchter.

Stadtblatt 1940 Aug. 18

1944: Durchhalteparolen am zerstörten Römer (unten).

882: Privileg Kaiser KARLs III. für das Salvatorstift. BU 1 b (BL 1,8).

1240 Juli 11: Messeprivileg Kaiser FRIEDRICHs II., eine der historisch wichtigsten Urkunden des Ratsarchivs. Privilegien 5 (BL 1,122).

Seine Abschrift eröffnet das Privilegienbuch 1 von 1398 (nächste Seite).

1.

Fridericus dei gratia Romanorum Imperator semper augustus Jerusalem et Sicilie Rex per presens scriptum notum fieri volumus universis. Quod nos universos et singulos ad nundinas apud Frankenfort venientes sub nostra et Imperii protectione recipimus speciali, mandantes quatenus nullus sit qui eos in eundo et redeundo ab eisdem nundinis molestare in aliquo vel impedire presumat. Quod qui presumpserit indignationem nostri culminis se noverit incursurum. Ad cuius rei memoriam presens scriptum inde fieri fecimus et sigillo nostre maiestatis iussimus communiri. Datum in Castris in obsidione Esculi XI Julii XIII Indictione.

2.

Fridericus secundus divina favente clementia Romanorum Rex semper augustus et Rex Sicilie. Quia tunc et apud deum salutis eterne premia et apud homines Reges et principes maxima preconia promerentur, si ipsi Ecclesiis sua beneficia largiuntur, et ad earum incrementum dant operam efficacem. Ea igitur consideratione inducti notum facimus universis tam presentibus quam futuris fidelibus nostris. Quod nos ad supplicationem fidelium nostrorum universorum civium de Frankenfort pro remedio quoque anime nostre donavimus ipsis civibus aream unam seu curtem Imperio et nobis attinentem et iacentem iuxta forum frumenti, ut in ipsa Curte Capella una dictis civibus comoda et necessaria ad honorem sancte dei genitricis et virginis marie et beati Georgii martiris construatur. Capellam ipsam cum Curte et omnibus bonis suis que impresentiarum habet et que in posterum iusto acquisitionis titulo poterit adipisci sub nostram et Imperii recipientes specialem protectionem. Ipsam etiam Capellam cum dote et omnibus appendiciis suis ab omni volumus exemptam esse dominio et solummodo ad Imperium et ad nos et nostros successores Romanorum Imperatores et Reges habere respectum. Ipsis civibus nostris indulgentes et commodam tribuentes facultatem, ut tam ipsi quam eorum posteri in eadem Capella pro voluntate sua quotiens vacaverit instituant ydoneum sacerdotem divina ibidem celebrantem. Statuimus

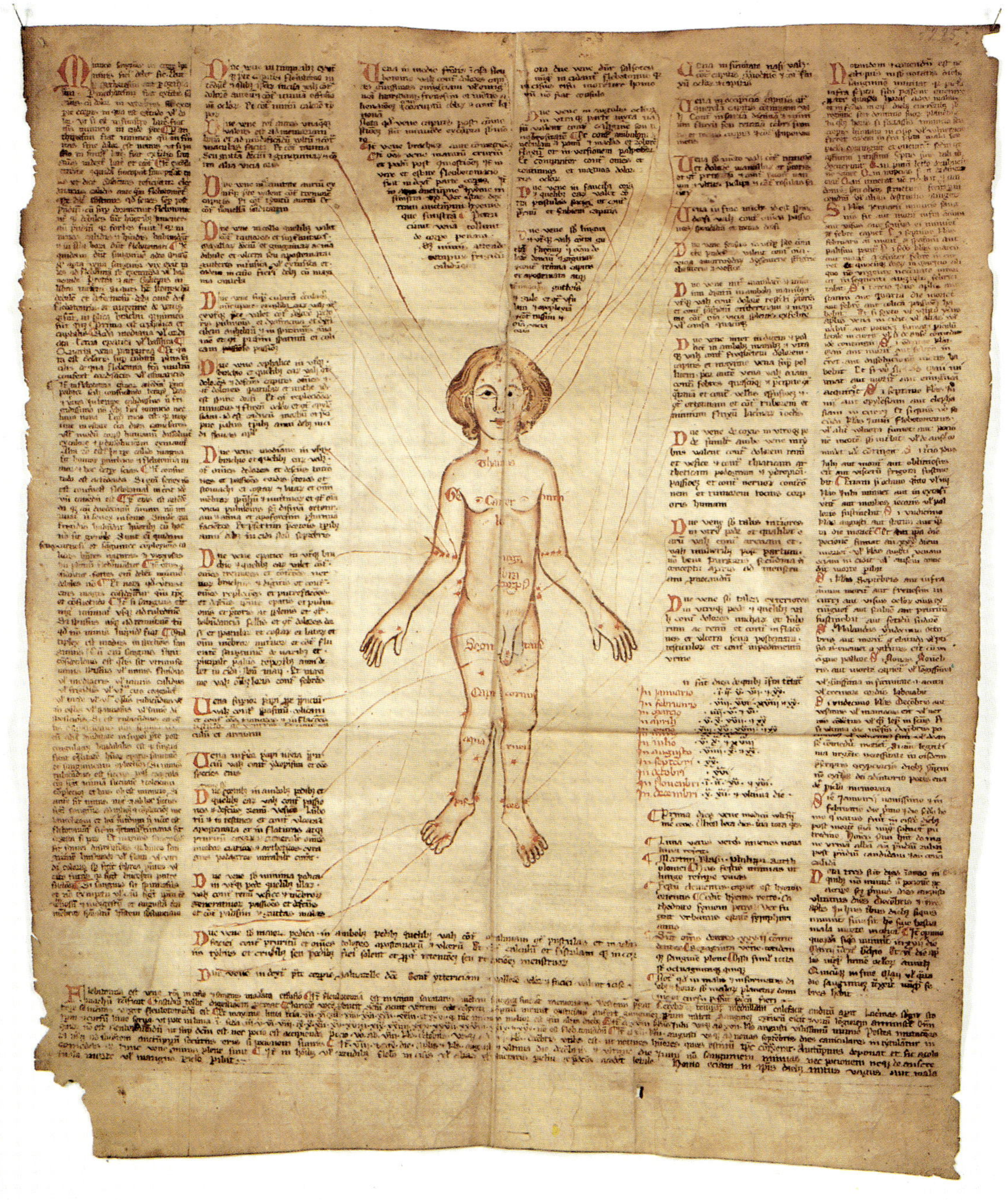

1285: Medizinische Anleitung zum Aderlaß. Lersner-Urkunden 3.

1340 Nov. 10: Kaiser LUDWIG DER BAIER verbrieft dem Liebfrauenstift gegen Errichtung eines Jahrgedächtnisses Steuer- und Dienstfreiheit. Liebfrauenstiftsurkunden 864 (BL 2,720).

1329 Juni 27: Kaiser LUDWIG DER BAIER bestätigt die Privilegien der Stadt Frankfurt. Privilegien 41 a.

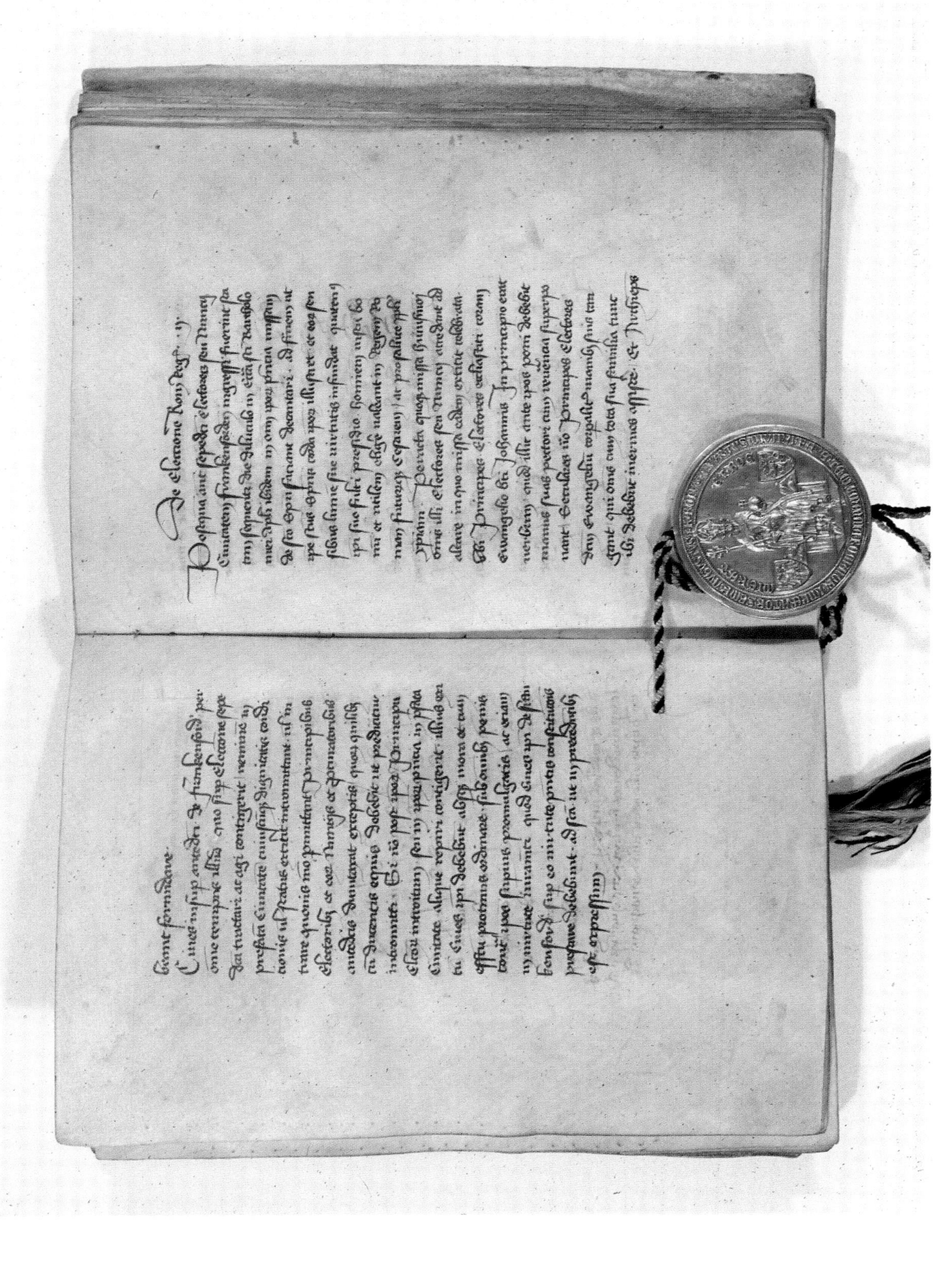

1356 Jan. 9: Goldene Bulle Kaiser KARLs IV., das "Grundgesetz" des mittelalterlichen Reiches (De electione Romanorum regis). Privilegien 107.

1438 Spt. 2: Der gehenkte Landgraf LUDWIG VON HESSEN, durch Johann VON LEBENSTEIN wegen Rechtsverweigerung öffentlich angeschlagener Schandbrief. RS I 3605.

1439: Der Frankfurter Stadtbote HENCHIN VON HANAU.
Botenbuch 1439, Einband.

1462: Die Patrone der Frankfurter Kirche, St. Bartholomäus und KARL DER GROSSE. BB III 14 f. 12 a.

1470 Mai 18: Kaiser FRIEDRICH III. verleiht Heinrich RORBACH ein Wappen.
Lersner-Urkunden 24.

(1477) 1583: Kaiserbild aus der Wahlstube im Römer, Nachzeichnung von Hans VETTER. Wappenbücher 1 f. 1.

(1477) 1583: Frankfurter Adler aus der Wahlstube im Römer,
Nachzeichnung von Hans VETTER. Wappenbücher 1 f. 33.

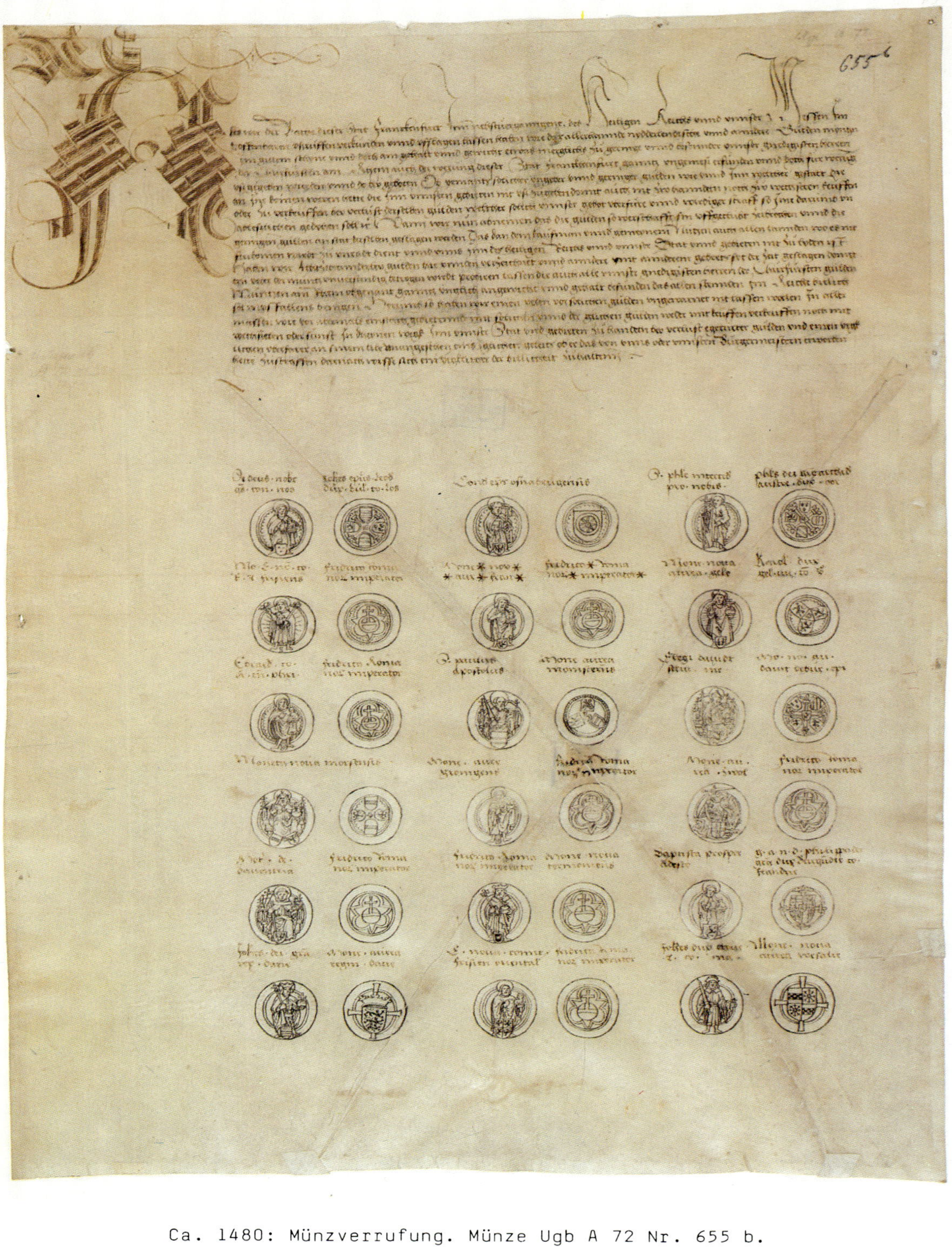

Ca. 1480: Münzverrufung. Münze Ugb A 72 Nr. 655 b.

1529: Zwei Frankfurter Reisige der "Eilenden Hilfe" für das von Türken belagerte Wien. Federzeichnung des Malers Hans WURZGART. RS II 750 f. 10'.

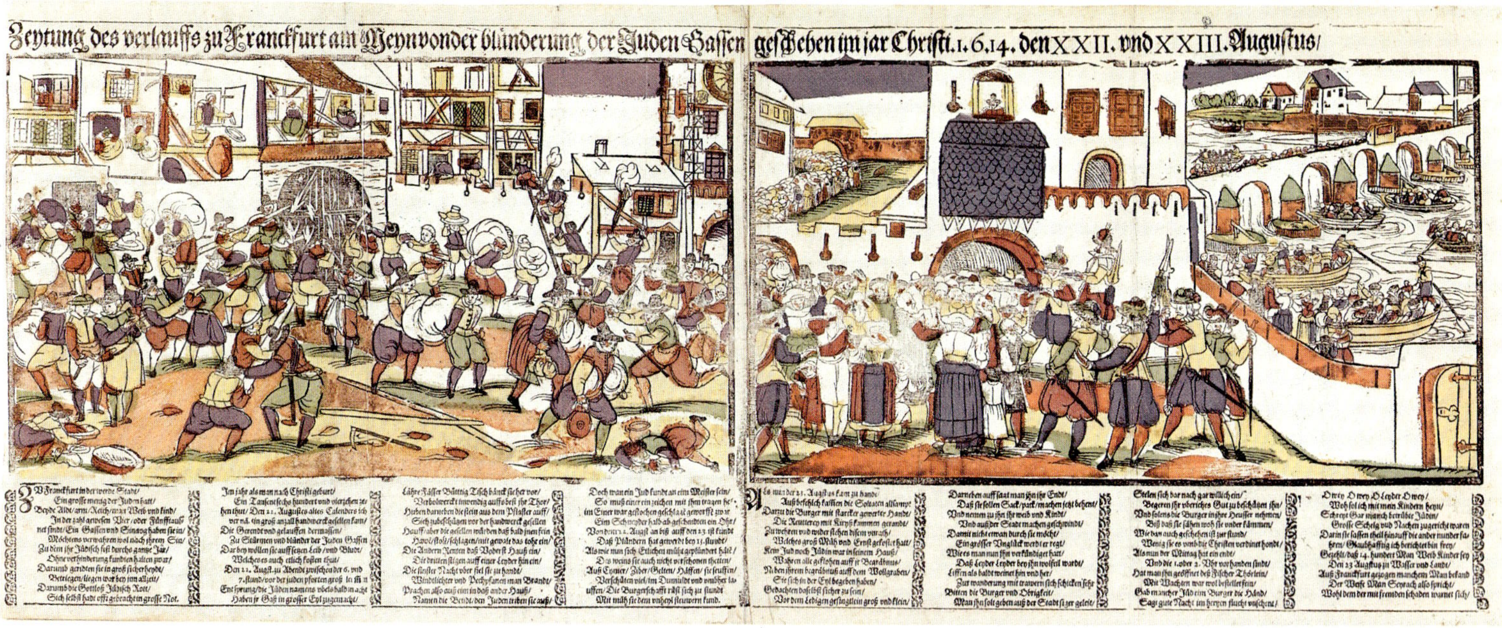

1614 Aug. 22/23: Plünderung der Judengasse. S 1/1 f. 301, Chroniken.

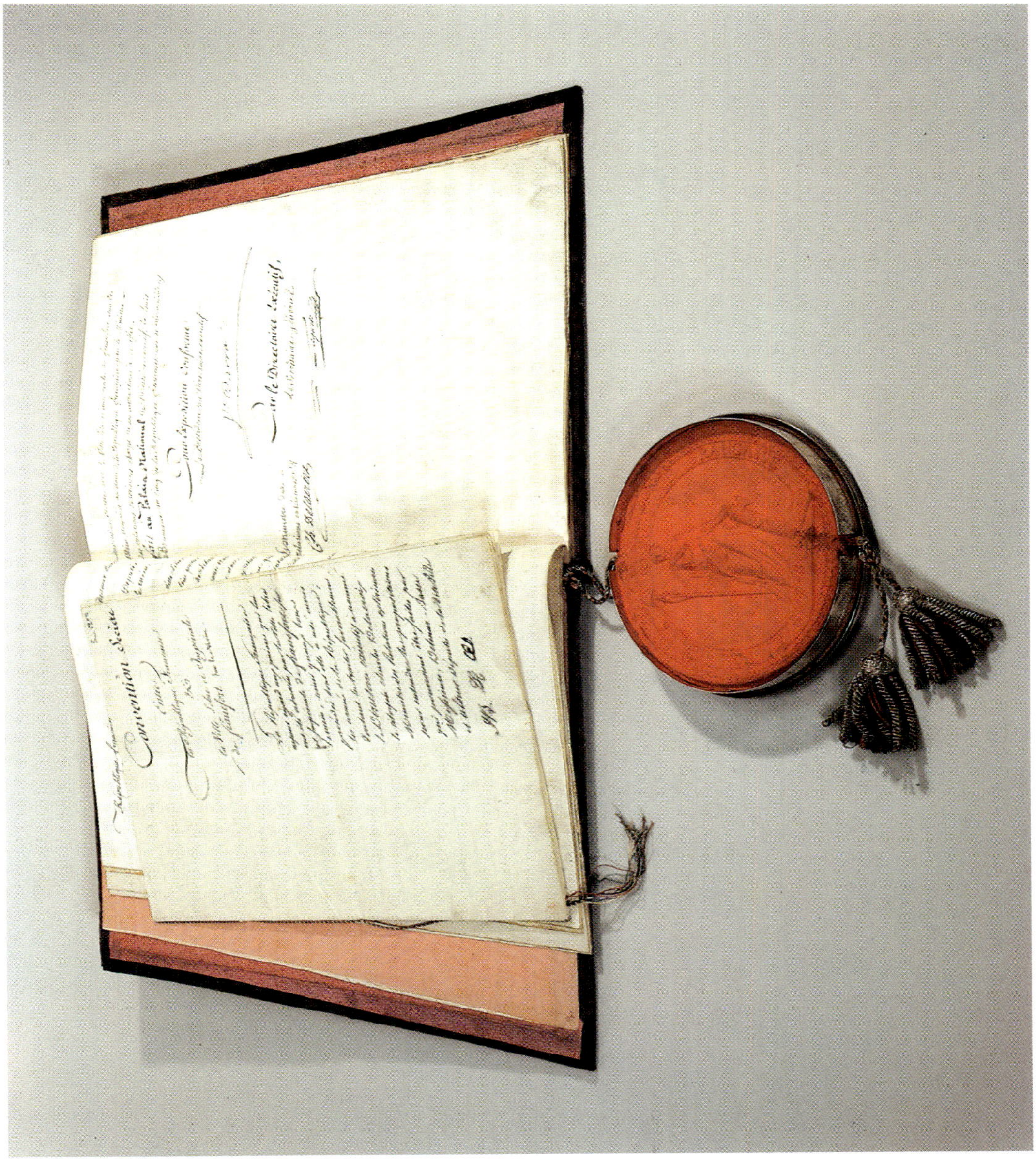

1796 Okt. 28: Geheimer Neutralitätsvertrag der Stadt Frankfurt mit der Französischen Republik. Privilegien Nr. 527 a.

1810: Staatsvertrag über die Gründung des Großherzogtums Frankfurt.
Großherzoglich Frankfurtische Staatsverträge Nr. 1 und 2.

1827: Ortsplan von Bonames, von Geometer Heinrich KUTT.
S 8/4/6 S. 37, Karten.

1833: Frankfurter Handelsflagge. Rechnei nach 1816 Nr. 22/108 a f. 15.

1840 Okt. 22: Türkische Ratifikation des Handelsvertrags zwischen der Hohen Pforte und dem Preußischen Zollverein. Rechts oben eigenhändige Unterschrift Sultan ABDUL MESCHIDs. Verträge der Freien Stadt Nr. 430.

EIN SECHSTEL THALER 5 GR.

NEUE ZOOLOGISCHE GESELLSCHAFT

Frankfurt a. M.

constituirt

in der General-Versammlung am 31. October 1872.

ACTIE

No 0061

über

Zwei Hundert und Fünfzig Gulden

Süddeutsche Währung

eingetragen in dem Actien-Buche der Gesellschaft auf

Herrn Freiherrn Moritz von Bethmann Hier

FRANKFURT A. M.

Durch statutengemässe Zuzahlung von Mk. 21.43 Pf. erhöht auf: Vierhundert und fünfzig Mark

Der Verwaltungsrath.

Der Verwaltungsrath

der Neuen Zoologischen Gesellschaft:

Hierzu 10 Dividenden-Coupons und Talon.

C. Knatz'sche Druckerei, Frankfurt a. M.

1872 Okt. 31: Namensaktie der Neuen Zoologischen Gesellschaft Frankfurt am Main. Bethmannarchiv.

1901 Jan. 18: Gedenkblatt zum zweihundertjährigen Bestehen der Preußischen Monarchie, von der Humboldt-Schule zur Auszeichnung einer Schülerin verwendet. S 4a/62.

1893 Dez. 27/1903 Jan. 14/1908 März 16: Adelsbestätigung bzw. Wappenbriefe Kaiser WILHELMs II. für Heinrich Albert und Georg DE BARY und Arthur und Karl VON WEINBERG. S 4a/33, 65 und 66.

1918: Lino SALINI: 14 Karikaturen auf die Revolution in Frankfurt am Main (Umschlag), Slg. Rara.

1939 Juni 24/25: Tag des deutschen Volkstums. S 9/Plakate.

1944: Das zerstörte Frankfurt am Main. Diaslg.

GROSS-BERLIN

überbringt durch seine Sportjugend der Stadt

Frankfurt am Main

zur Einweihung der Paulskirche am 18. Mai 1948 die Grüße aller Berliner mit dem Wunsche, daß eine harmonische Zusammenarbeit aller Deutschen im Geiste wahrer Humanität und Freiheit ein vereintes, friedliches und demokratisches Deutschland schaffen möge. Die Paulskirche, das Symbol der 48er Revolution, sei für diese Aufgabe das bleibende Mahnmal.

Die Stadtverordnetenversammlung
von Groß-Berlin
Otto Suhr

Der Magistrat
von Groß-Berlin
Louise Schroeder

Berlins Stadtwappen aus dem Jahre 1848

1948 Mai 18: Grüße der Stadt Berlin zur Einweihung der Paulskirche. S 4a/63.

Animées d'une volonté commune, les incitant à donner un exemple de compréhension et d'amitié entre les villes et les peuples, les villes de

Birmingham,
Francfort sur le Mein et Lyon

promettent solennellement de rester toujours en contact étroit, d'approfondir les relations sur les plans économique municipal et culturel et d'encourager l'unité européenne par l'expression publique de l'estime et de la sympathie qu'elles se portent mutuellement.

Francfort sur le Mein, le 19 Avril 1966
dans la Salle des Empereurs au Römer

Maître de Lyon

Frankfurt on the Main,
Lyon and Birmingham,

inspired by the same desire to serve, as an example of understanding and friendship between Cities and Peoples, do hereby solemnly resolve and determine to promote close connections with one another, to deepen their municipal, economic and cultural links, and, by formal expression of their mutual esteem and regard to further the unification of Europe.

Frankfurt on the Main, 19th April 1966
in the Imperial Chamber of the Römer

Lord Mayor of Birmingham

Lyon, Birmingham
und Frankfurt am Main,

von dem gleichen Willen beseelt, dem Verständnis und der Freundschaft unter den Städten und Völkern ein Beispiel zu geben, geloben hiermit feierlich, stets engen Kontakt zu pflegen, die Beziehungen gemeindlicher, wirtschaftlicher und kultureller Art zu vertiefen und durch Dokumentierung der gegenseitigen Achtung und Sympathie die Vereinigung Europas zu fördern.

Frankfurt am Main, den 19. April 1966
im „Kaisersaal des Römer"

Oberbürgermeister

1966: Partnerschaftsvertrag der Stadt Frankfurt am Main mit Lyon und Birmingham. S 4a/64.

König LUDWIG DER BAIER
1318 Nov. 14, Ø 102 mm,
Privilegien 29

Kaiser KARL IV.
1358 Juni 2, Ø 102 mm,
Privilegien 112

Avers

Revers

Kaiser FRIEDRICH III.
1454 Jan. 24, Ø 134 mm,
Privilegien 352

1. Funktion eines Archivs

Seit die öffentliche Verwaltung sich der Schriftform bedient, werden in den Behörden Schriftstücke aufgehoben, um Verfassungs- und Rechtsverhältnisse, Entscheidungen oder Ansprüche belegen zu können. Eine wohlgeordnete Schriftgutverwaltung ist daher ein wichtiges Instrument jeder Administration, ihr "Gedächtnis". Nicht mehr ständig für die laufende Verwaltung benötigtes Schriftgut wurde zu "Altregistraturen" zusammengefaßt, hervorragend wichtige Urkunden wurden in "Auslesearchiven" besonders sicher verwahrt.

Hieraus entstanden die modernen Archive, zuerst als von Juristen geleitete "Geheimarchive", die nur dem Archiveigentümer offenstanden, seit der Französischen Revolution, die durch die Beseitigung der Rechtsverhältnisse des Feudalismus viele Dokumente ihrer Rechtserheblichkeit entkleidete, als Sammelstellen historischen Quellenmaterials, das durch Historiker-Archivare der wissenschaftlichen Forschung zugänglich gemacht wurde.

Johann Friedrich BÖHMER
1795-1863

Sein Frankfurter Urkundenbuch öffnete das Stadtarchiv der historischen Forschung.

2. Zuständigkeit von Archiven

Öffentliche Archive reflektieren den jeweiligen sachlichen und territorialen Zuständigkeitsbereich des Archivbildners, der jedoch im Laufe der geschichtlichen Entwicklung großen Veränderungen unterworfen sein kann.

So sind das Bundesarchiv in Koblenz für die schriftlichen Überlieferungen der Reichs- und der Bundesregierung und der nachgeordneten zentralen Verwaltungen, die Staatsarchive für die Akten der Regierungen und Mittelbehörden der Länder und schließlich die Kommunalarchive für die Akten der Städte, Gemeinden und Landkreise zuständig.

Das **Stadtarchiv Frankfurt am Main** verwaltet die Quellenüberlieferung der Reichs- und der Freien Stadt Frankfurt am Main, der zugehörigen Ortschaften, der ortsansässigen geistlichen Institutionen und der 1866 von Preußen eroberten Stadt Frankfurt am Main, die seit 1945 dem Land Hessen angehört, und der eingemeindeten Vororte.

Die Akten der staatlichen **Kommunalaufsicht**, welcher die Stadt seit dem gewaltsamen Verlust ihrer Selbständigkeit unterliegt (Regierungspräsident Wiesbaden, seit 1968 Darmstadt), der Staatsanwaltschaft, des Polizeipräsidiums und der Reichsbahndirektion Frankfurt am Main, sowie die meisten der Gerichte befinden sich im Hessischen Hauptstaatsarchiv Wiesbaden.

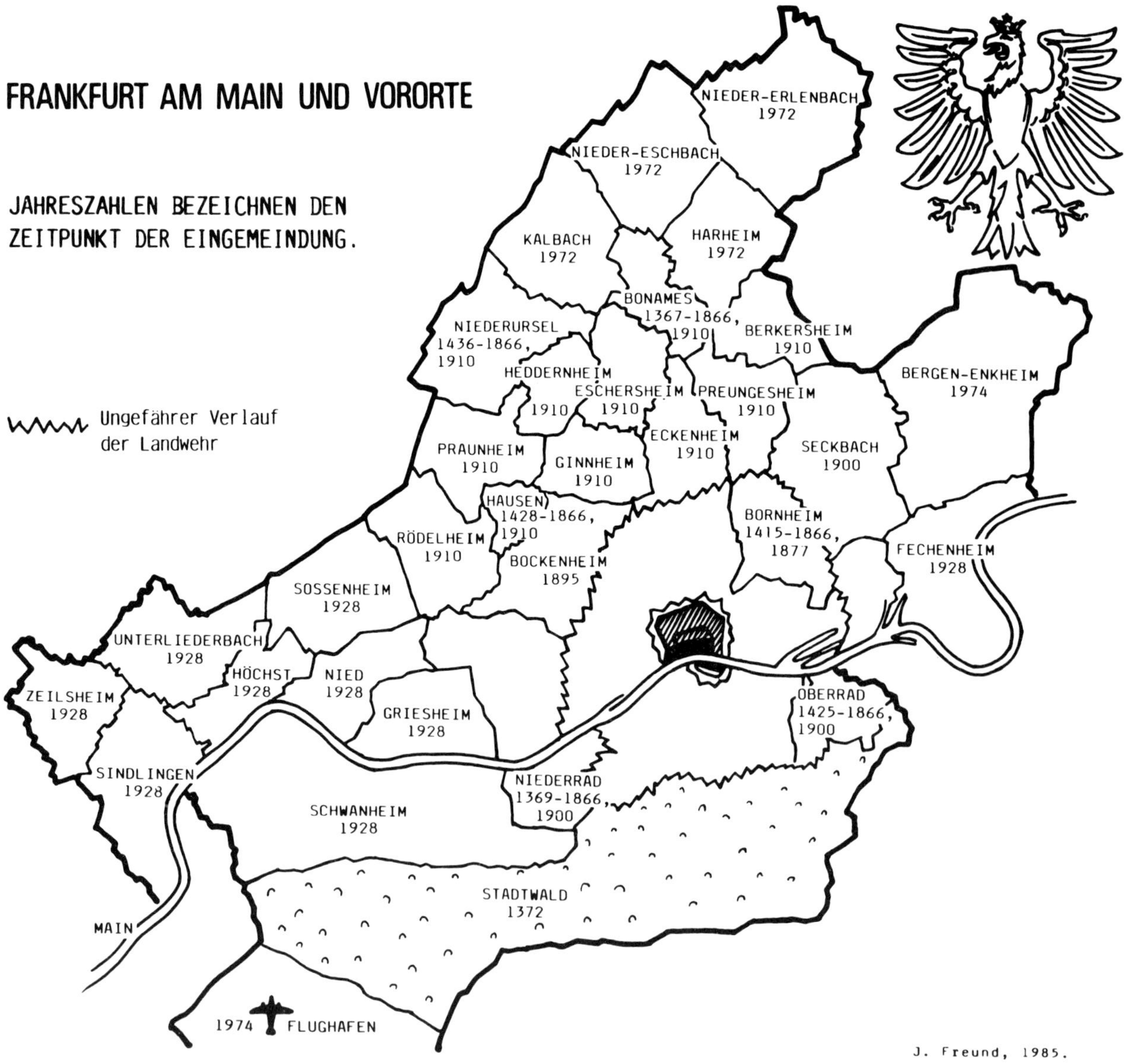
FRANKFURT AM MAIN UND VORORTE
JAHRESZAHLEN BEZEICHNEN DEN
ZEITPUNKT DER EINGEMEINDUNG.
Ungefährer Verlauf
der Landwehr
NIEDER-ERLENBACH 1972
NIEDER-ESCHBACH 1972
KALBACH 1972
HARHEIM 1972
BONAMES 1367-1866, 1910
BERKERSHEIM 1910
NIEDERURSEL 1436-1866, 1910
HEDDERNHEIM 1910
ESCHERSHEIM 1910
PREUNGESHEIM 1910
BERGEN-ENKHEIM 1974
PRAUNHEIM 1910
GINNHEIM 1910
ECKENHEIM 1910
SECKBACH 1900
HAUSEN 1428-1866, 1910
RÖDELHEIM 1910
BOCKENHEIM 1895
BORNHEIM 1415-1866, 1877
FECHENHEIM 1928
SOSSENHEIM 1928
UNTERLIEDERBACH 1928
HÖCHST 1928
NIED 1928
ZEILSHEIM 1928
GRIESHEIM 1928
OBERRAD 1425-1866, 1900
SINDLINGEN 1928
NIEDERRAD 1369-1866, 1900
SCHWANHEIM 1928
STADTWALD 1372
MAIN
1974 FLUGHAFEN
J. Freund, 1985.

3. Benutzung des Stadtarchivs Frankfurt am Main

Das Stadtarchiv Frankfurt am Main ist eine gemeinnützige Einrichtung der Stadt Frankfurt zum Zwecke der Pflege von Kulturwerten (Satzung des Magistrats vom 30. Okt. 1979).

Die Benutzung ist geregelt durch die Ordnung für die Benutzung des Stadtarchivs vom 13. Mai 1957 in der Fassung vom 6. Juli 1967. Voraussetzung für die **Zulassung zur Benutzung** ist die Angabe von Name, Adresse, Beruf und Benutzungszweck. Die amtliche wie wissenschaftliche Benutzung erfolgen gebührenfrei, für die sonstige private und gewerbliche Nutzung werden Gebühren erhoben (Gebührenordnung des Stadtarchivs gemäß Magistratsbeschluß Nr. 3106 vom 9. Okt. 1978).

Benutzungsbeschränkungen bestehen nach den allgemeinen archivischen Regeln für **Sachakten**, die vor weniger als 30 Jahren geschlossen worden sind, und für **Personalakten**, die Personen betreffen, die noch nicht 50 Jahre tot sind, darüber hinaus, wenn anders schutzwürdige Interessen einer Benutzung entgegenstehen. Die Benutzung von hinterlegten Archivalien (**Depositalarchive**) richtet sich nach vertraglichen Vereinbarungen mit den Eigentümern. **Ungeordnete Bestände** sind von der Benutzung ausgeschlossen.

Am Beginn jeder Benutzung steht eine **Beratung** durch den zuständigen Archivmitarbeiter, der die für das Arbeitsthema wichtigen Findmittel (Repertorien) nachweist, die ebenso wie die Archvivalien grundsätzlich nur im Lesesaal eingesehen werden dürfen. Karteien sind von der Benutzung durch Archivfremde ausgeschlossen.

Gegen Bezahlung (Gebührenordnung s.o.) können Faksimiles, Abgüsse, Fotos und Mikrofilme von Archivalien und Siegeln hergestellt werden.

Direktkopien von Archivalien werden aus konservatorischen Gründen grundsätzlich nicht hergestellt.

Dienstbibliothek 1985

Die **Dienstbibliothek** (ca. 40.000 Bände Frankfurt-Literatur) kann über den Lesesaal benutzt werden. Eine Ausleihe außer Haus ist ausgeschlossen. Hierfür steht die Stadt- und Universitätsbibliothek zur Verfügung.

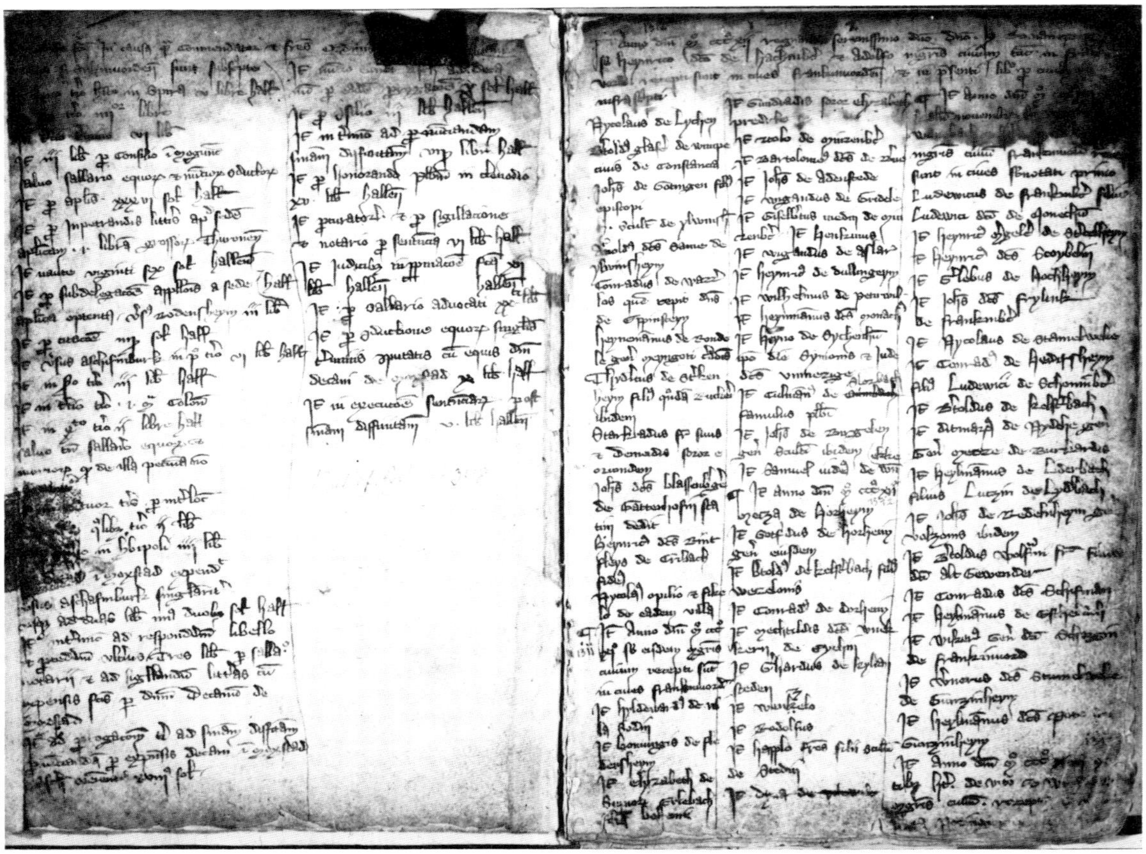

Bürgerbuch 1:
Bürgerannahmen 1311 und 1312.

Das alte Rathaus am Dom.
(Aus Bedebuch 1405, 1944 verbrannt).

4. Geschichte des Stadtarchivs

Seit dem 13. Jh. verwalteten Stadtschreiber die städtischen Urkunden. 1311 bei Entstehung der städtischen Selbstverwaltung setzen mit den Bürgerbüchern die chronologisch geführten Amtsbücher der Stadt ein, Mitte des 14. Jhs. entstanden für die auswärtige Korrespondenz die ersten Sachakten. 1395 wurden die Privilegien der Stadt, Rechtsverleihungen der Kaiser, auf denen die Rechtsstellung der Reichsstadt nach innen wie nach außen beruhte, in dem extra hierfür errichteten feuer- und einbruchssicheren St. Leonhardsturm (abgebrochen 1808) untergebracht.

Archivturm Frauenrode
1436-1900

St. Leonhardsturm

Nach der Verlegung des Rathauses in den Römer ließ der Rat 1436 für das gesamte Ratsarchiv einen mit drei feuersicheren Gewölben versehenen Zweckbau, den Turm Frauenrode, errichten. Er stand bis 1900 gegenüber der Paulskirche an der Stelle des heutigen Stadtverordnetensaales. Unter-, Mittel- und Obergewölbe und ihre Gefache finden sich noch heute als Signaturen auf Archivalien des Ratsarchivs. Mit dem Jahr 1436, also vor 550 Jahren, als das Frankfurter Stadtarchiv erstmals ein eigenes Haus erhielt, beginnt die eigentliche Frankfurter Archivgeschichte (Otto Ruppersberg).

Römer: Schnitt von Westen nach Osten, links der Archivturm Frauenrode.

1614 wurde für das Stadtarchiv, das bis dahin durch den Stadtschreiber verwaltet wurde, ein eigenes Amt geschaffen, das gelehrte Juristen als Registratoren versahen. 1761 machte Raumnot erste Auslagerungen von Archivalien in das Katharinenkloster notwendig, nach der Säkularisierung der ortsansässigen geistlichen Institute im Jahre 1802 wurden nach und nach "Sukkursalarchive" im Karmeliter- und Dominikanerkloster, im Eschenheimer Tor- und Rententurm und in der Stadtwaage eingerichtet.

Den Untergang der städtischen Selbständigkeit überstand das Stadtarchiv ohne substantielle Verluste. Der Überleitungsrezeß von 1869 regelte die Eigentums- und Benutzungsverhältnisse (vgl. unten S. 93 f.). Von Preußen beschlagnahmte Militärakten wurden nach dem Ersten Weltkrieg zurückgegeben.

Mit Georg Ludwig Kriegk war von 1863 bis 1876 der erste Historiker Leiter des Stadtarchivs I, des Historischen Archivs. Daneben bestand von 1866 bis 1904 das Stadtarchiv II als Verwaltungsarchiv. Beide wurden 1904 zum "Stadtarchiv" vereinigt.

1878 bezog das Stadtarchiv I das von Dombaumeister Franz Joseph von Denzinger errichtete moderne Archivgebäude am Weckmarkt mit ca. 275 qm Dienst- und Benutzerräumen und ca. 950 qm Magazinen mit ca. 5000 Metern Regal.

Von 1888 bis 1922 amtierte dort mit Rudolf Jung der sicher bedeutendste Frankfurter Stadtarchivar, dessen imponierende Lebensleistung dem Historischen Archiv bis heute seinen Stempel aufgeprägt hat.

GEORG LUDWIG KRIEGK
Stadtarchivar 1863-1876

RUDOLF JUNG
Stadtarchivar 1888-1922

1932 wurde eine neue "Zeitgeschichtliche Abteilung (Stadtchronik)" zur Sammlung aktuellen Dokumentationsmaterials eingerichtet. Am 15. Dez. 1933 folgte als erste in einem deutschen Archiv zur Förderung der "im Neuen Reiche mächtig aufstrebende(n) Familienforschung" eine weitere neue Abteilung, "die zum guten Teil der Pflege der Erbgesundheit dienende ... Beratungsstelle für Familienforschung und Ahnennachweis".

Vor dem Zweiten Weltkrieg bestand noch ein Ausweichmagazin von 230 qm im Haus Domplatz 8. Durch Neuaufstellung und Mehrfachnutzung von Regalen und Ausdehnung der Magazine in Dachräume waren die Bestände bis 1944 auf ca. 10 Regalkilometer angewachsen, von denen etwa 6,5 - 7 km am 29. Jan. und 12. Spt. 1944 wegen nicht rechtzeitiger Auslagerung durch Bombenangriffe vernichtet wurden. Außerdem verbrannten die meisten noch in den Ämterregistraturen verbliebenen Akten der Stadtverwaltung.

Archivgebäude am Weckmarkt 1878-1944.

Erhalten blieben etwa 3,5 Regalkilometer seit 1942 in die Tiefkeller der Braubachstraße und der Bethmann-Bank, nach Kronberg, Langenselbold, Offenbach und Kochendorf ausgelagerte Urkunden, Akten und Bücher. Selbst dieser traurige Rest eines einmal ungeheuer reichen Archivalienbestandes bildet noch immer einen der größten in einem deutschen Stadtarchiv erhaltenen mittelalterlichen und frühneuzeitlichen Archivfonds.

Im Magazin des Stadtarchivs
Um 1935.

Die Bücherverbrennung auf dem Römerberg

Mittwoch 10. Mai 1933 Abd.

Die akademische Jugend errichtete auf dem Römerberg einen Scheiterhaufen und verbrannte marxistische und undeutsche Literatur. Ein flammendes Symbol! Der Vorgang im Dunkel eines regenfeuchten Abends, bei dem die Häuserwände des altehrwürdigen Forums Frankfurts vom Flammenschein erleuchtet wurden, geht in die Geschichte Frankfurts ein. Der Römerberg hat schon so viel erlebt, er ist das eigentliche Schicksalsbuch der alten Kaiser- und Reichsstadt, das nun auch die flammenlodernde Szene des Kampfes gegen den volksfeindlichen Geist des Marxismus verzeichnet.

SAAT UND ERNTE

Das Stadtarchiv am Weckmarkt
am 29. Jan. 1944.

Die geretteten Bestände wurden nach 1945 in zwei Luftschutzbunkern in Praunheim und Heddernheim mehr schlecht als recht untergebracht und von behelfsmäßigen Räumen in der Domstraße 9 aus verwaltet.

Erst 1959 erhielt das Stadtarchiv bessere, mehrfach auf jetzt 1074 qm erweiterte Diensträume im Karmeliterkloster, das als Ganzes gemäß Beschluß der Stadtverordnetenversammlung vom 30.08.1962 (§ 2163) für die Unterbringung des Stadtarchivs bestimmt ist. Dazu kamen 1965 2572 qm Magazine mit 10 km Regal in der Großmarkthalle, die allerdings für die Unterbringung von Archivalien nur bedingt geeignet ist.

Deshalb bedeutete es einen großen Fortschritt, als 1972 im Rahmen der U-Bahnbauten unmittelbar vor dem Karmeliterkloster ein dreigeschossiges Tiefmagazin mit 1700 qm und 9,8 km Kompaktus-Regalanlage errichtet wurde, das den größeren Teil der zur dauernden Aufbewahrung bestimmten Bestände des Stadtarchivs aufnahm.

"Brandakten"
Nach 1945

Stadtarchiv Karmelitergasse 5.

Es ist inzwischen vollständig belegt, ebenso wie zwei Drittel des Magazins Großmarkthalle, dessen Renovierung jetzt ansteht, wofür ein Teil der dort gelagerten Akten in ein neues Außenmagazin an der Eschborner Landstraße mit 1300 qm Fläche und ca. 6,5 km Standregal umgelagert werden muß.

Zur Zeit umfassen die Bestände des Stadtarchivs ca. 16 Regalkilometer Urkunden, Amtsbücher, Akten, Amtsdrucksachen, Zeitungen, Karten und Fotos.

40 Jahre nach Ende des Zweiten Weltkrieges sind die damals zumeist völlig zerstörten Aktenregistraturen der städtischen Ämter in ihrer Mehrzahl zum Bersten gefüllt und reif für die Übernahme ins Archiv. Es sind viele, viele Regalkilometer, die künftig bewältigt werden müssen. Dies ist nur bei Einsatz neuartiger technischer Mittel und angemessener Verbesserung des Personalstandes zu erreichen. Allein an der Heilung der Kriegsschäden der geretteten Teile des Historischen Archivs wird noch eine ganze Generation von Archivaren und Restauratoren zu arbeiten haben.

Stadtarchiv, Tiefmagazin 1985.

5. Organisatorische Gliederung des Stadtarchivs

Archivleiter: Prof. Dr. Klötzer, Tel.: 069/212-3372

Stellvertretender Archivleiter: Dr. Bund, Tel.: 069/212-4327

Lesesaal: Tel.: 069/212-6437

Bibliothek: Tel.: 069/212-5479

Abt. I: Historisches Archiv, Archive der Reichs- und Freien Stadt und des Magistrats 1219-1954, kirchliche Archive 882-1802 (Dr. Bund)

Abt. II: Archive nichtstädtischen Ursprungs, Sammlungen, Dokumentationen (Prof. Dr. Klötzer)

Abt. III: Neuere Akten der Stadtverwaltung, seit 1929 eingemeindete Vororte, Records Management (Dr. Fischer, Tel.: 069/212-5112)

Stadtarchiv, Lesesaal 1985.

6. Bestände des Stadtarchivs

Die Archivalien des Stadtarchivs gliedern sich seit je nach dem **Provenienzprinzip**, das nur im 19. Jh. an einigen Stellen durchbrochen worden ist.

Die bisher über 240.000 **Personalakten** der Stadtverwaltung werden aus praktischen Gründen als einheitlicher Bestand behandelt. Erschlossen sind die Bestände durch gedruckte (vgl. u. 7.2. Findbücher und Beständepublikationen) oder sonstige hand- oder maschinenschriftliche **Findbücher** (bisher 614 Bde., Rep. 1, moderne Übersicht in Vorbereitung) und Karteien (nur für den Dienstgebrauch).

Für eine detaillierte Information ist immer noch die in der deutschen Archivgeschichte epochemachende, 1909 in 2. Auflage erschienene **Beständeübersicht Rudolf Jungs** unentbehrlich. Die überfällige Neubearbeitung ist in Angriff genommen. Bis dahin soll die hier vorgelegte Kurzübersicht als knappgehaltenes Orientierungsmittel dienen. Für sie wurden bisher 2,4 Regalkilometer der jetzt insgesamt ca. 4,5 km umfassenden Altbestände, die z.T. durch Auslagerungs- oder Kriegsschäden in verheerenden Unstand geraten sind, anhand der Außensignaturen band-, paket-, bündel- oder kastenweise revidiert. Über dem inneren Ordnungs- und Erhaltungszustand mancher dieser Bestände kann daher derzeit noch keine erschöpfende Auskunft erteilt werden. Hier muß man sich bis auf weiteres auf die vor 1979 unter z.T. denkbar ungünstigen Verhältnissen erbrachten Ordnungsleistungen verlassen. Erst ca. 0,85 Regalkilometer konnten seither Archivalie für Archivalie revidiert und in eine endgültige Ordnung gebracht werden.

Bei den anderen Beständen ist nach bisheriger Erfahrung mit kriegs- und nachkriegsbedingten größeren oder kleineren Beständevermischungen zu rechnen, so daß manche Veränderungen oder Präzisierungen der Beständeübersicht künftig zu erwarten sein werden.

Wegen dieses noch völlig ungleichmäßigen Ordnungs- und Verzeichnungsstandes wird hier auf alle Angaben zum Dokumentationswert der einzelnen Bestände verzichtet. Bis auf weiteres ist der Rückgriff auf Jungs Beständeübersicht, auf die jeweils angegebenen Findbücher und auf die mündliche Beratung durch die Mitarbeiter des Stadtarchivs unverzichtbar.

Im Folgenden werden im Teil I nach der **Systematik Jungs** (vgl. u. 7.1. Literatur) lediglich die erhaltenen Altbestände aufgeführt. Verluste lassen sich anhand der Lücken der beigegebenen Signaturen Jungs einfach ermitteln. Nach 1909 in das Stadtarchiv gelangte Archivalien sind durch das Fehlen Jungscher Signaturen kenntlich.

Von Jung nicht erfaßte Bestände des Historischen Archivs erhalten das Kennzeichen "o.S." (= "ohne Signatur"). Der Zusatz "o.B." (= "ohne Bezeichnung") zu einem Bestandsnamen bedeutet im Sprachgebrauch des Stadtarchivs Frankfurt, daß der Bestand bisher nicht verzeichnet, meist aber chronologisch oder nach Sachgruppen gelegt ist. Die Abkürzung "K" steht für Kartei, "StUB" für Stadt- und Universitätsbibliothek.

Moderne Beständesignaturen können erst nach Abschluß der Generalrevision vergeben werden. Bis dahin sind die Bestände mit den hier angegebenen **Beständenamen** zu zitieren.

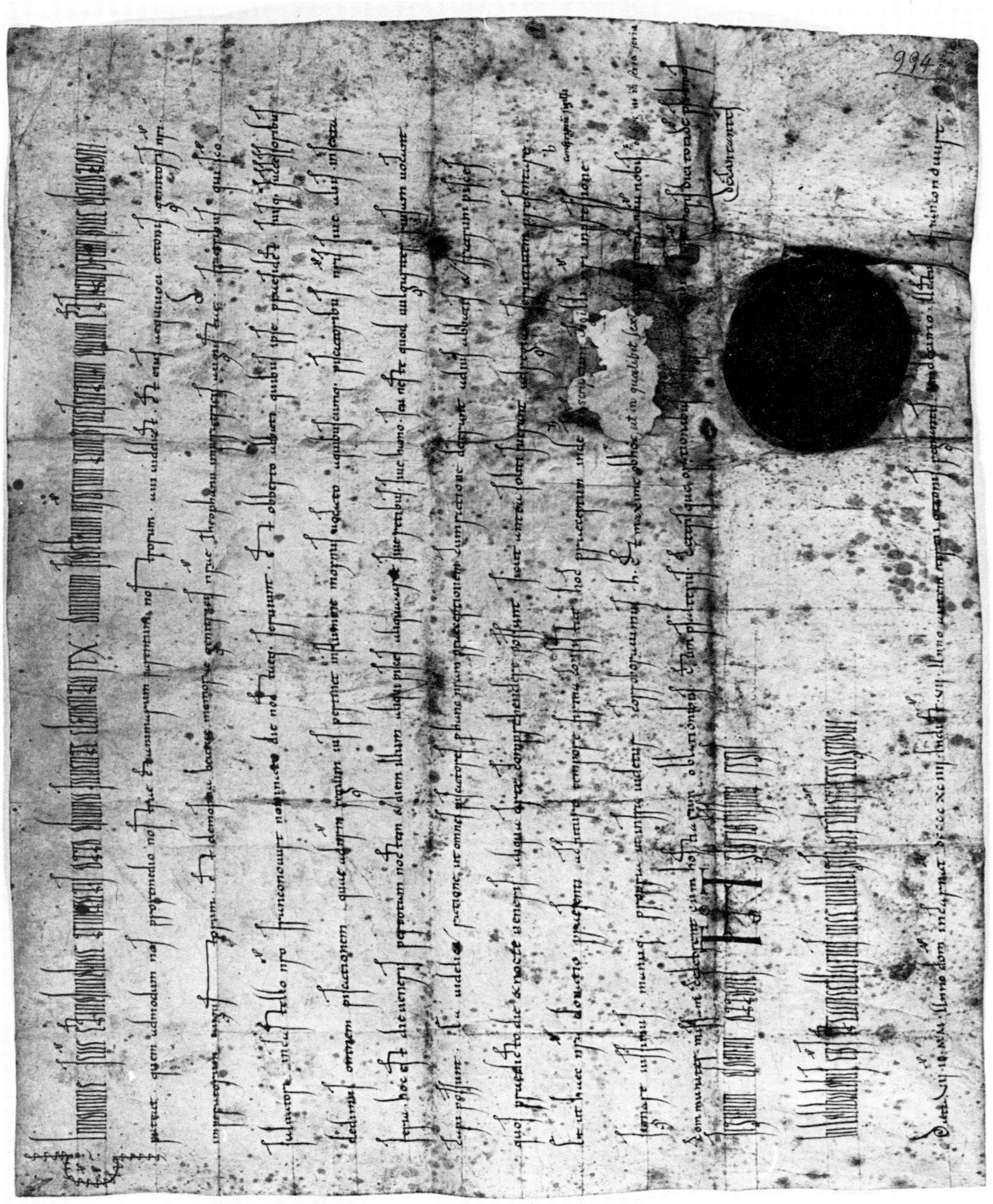

994 Mai 9: König OTTO III. schenkt dem Salvatorstift die Fischereigerechtigkeit im Main. BU 5 (BL 1,14).

1219 Aug. 15: König FRIEDRICH II. schenkt den Bürgern von Frankfurt eine Hofstatt zum Bau der heutigen Leonhardskirche. Älteste Urkunde des Ratsarchivs, Privilegien Nr. 1 (BL 1,47).

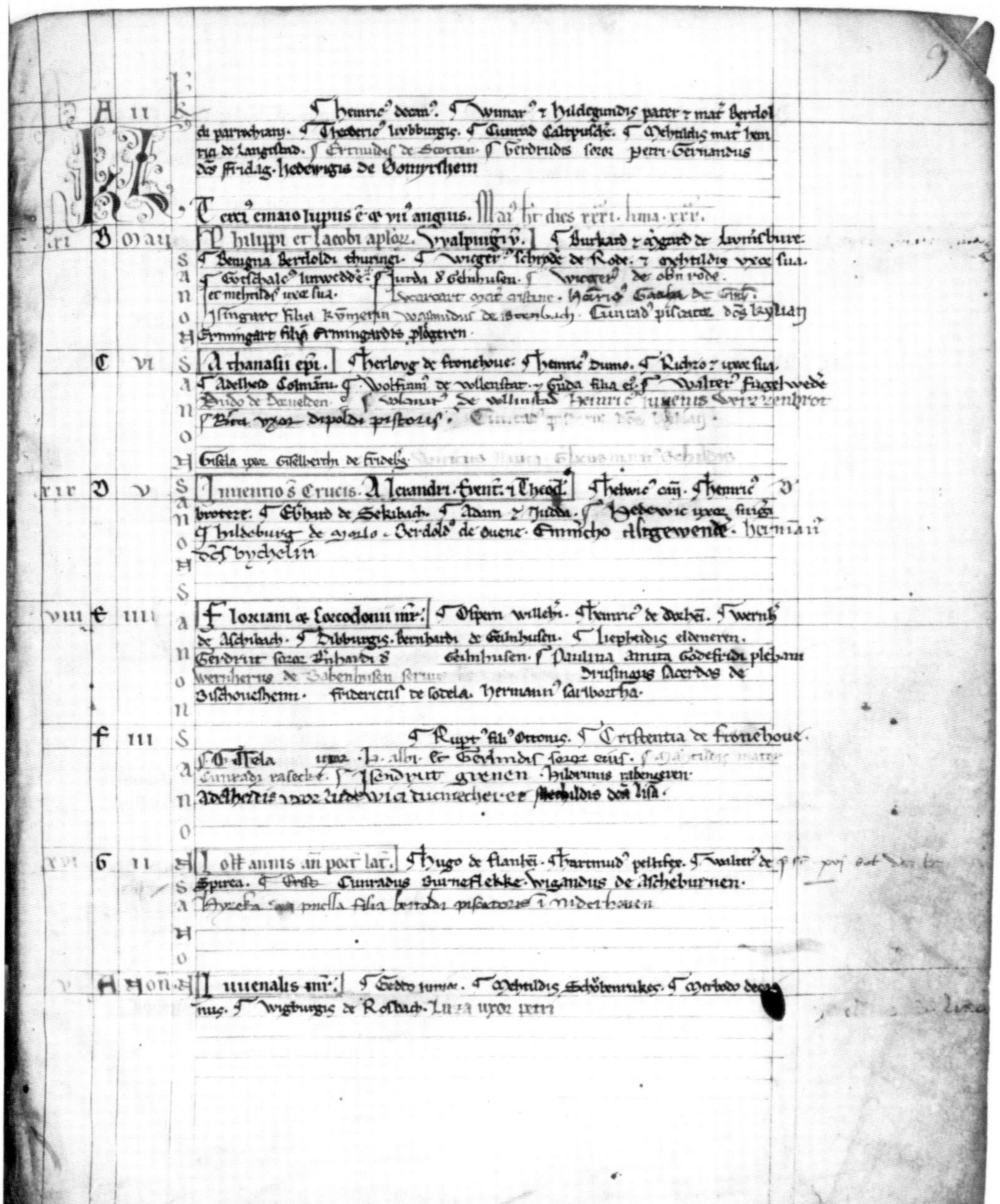

Um 1267: Ältestes erhaltenes Anniversarzinsbuch des Bartholomäusstifts. BB II 7 f. 9.

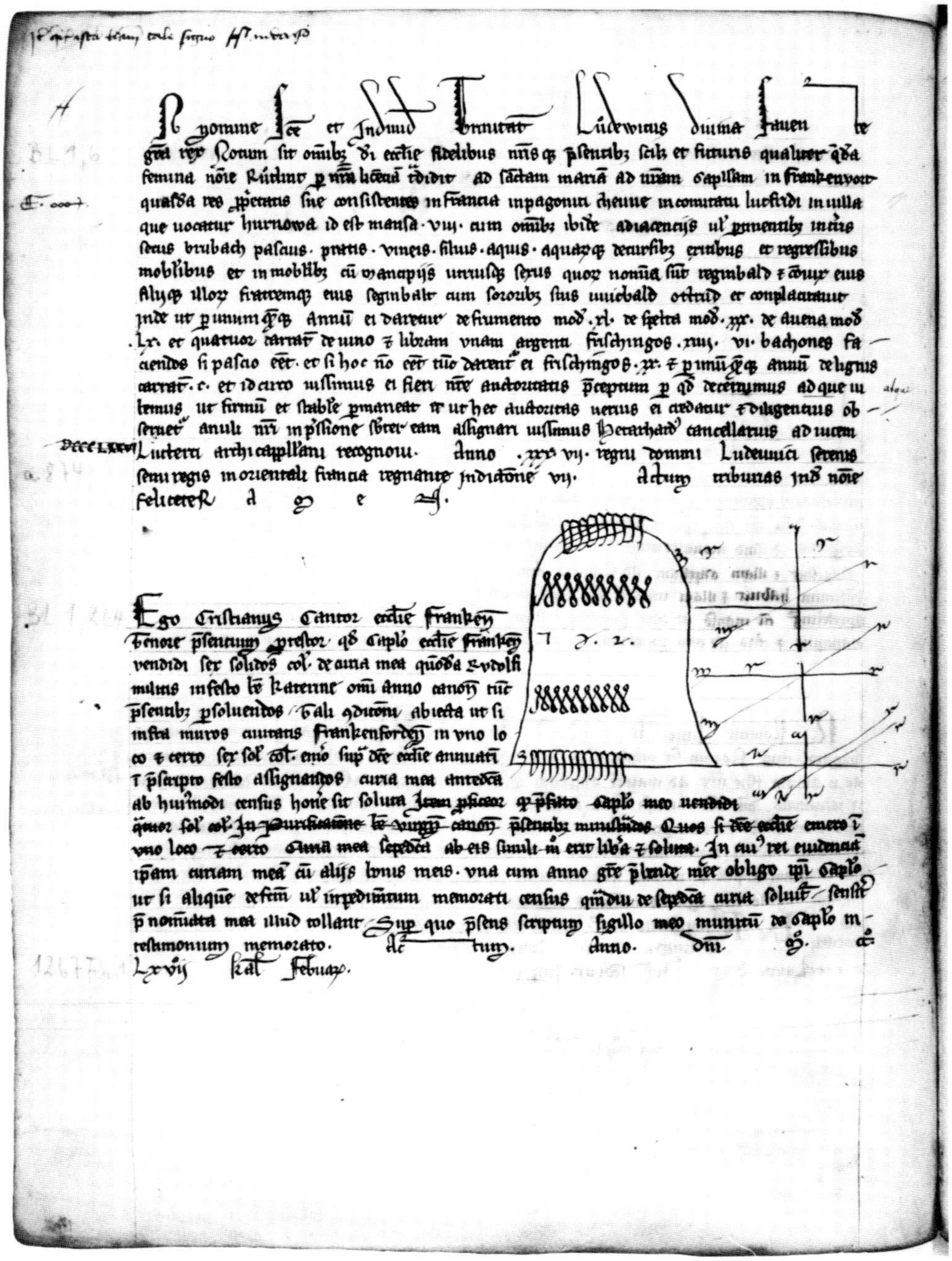

Um 1267/1268: Ältestes erhaltenes Kopiar des Bartholomäusstifts. Abschriften der Urkunden LUDWIGS DES DEUTSCHEN (874, BL 1,6) und des Kantors CHRISTIAN (1267, BL 1,264) BB II 7 f. 66'.

1322 Jan. 14: Testament der Katharina VON WANEBACH.
Liebfrauenstift Urkunden Nr. 50 (BL 2,425).

1368 Feb. 2: Landfriede Kaiser KARLs IV. am Rhein und in der Wetterau. RSU Nr. 53 a.

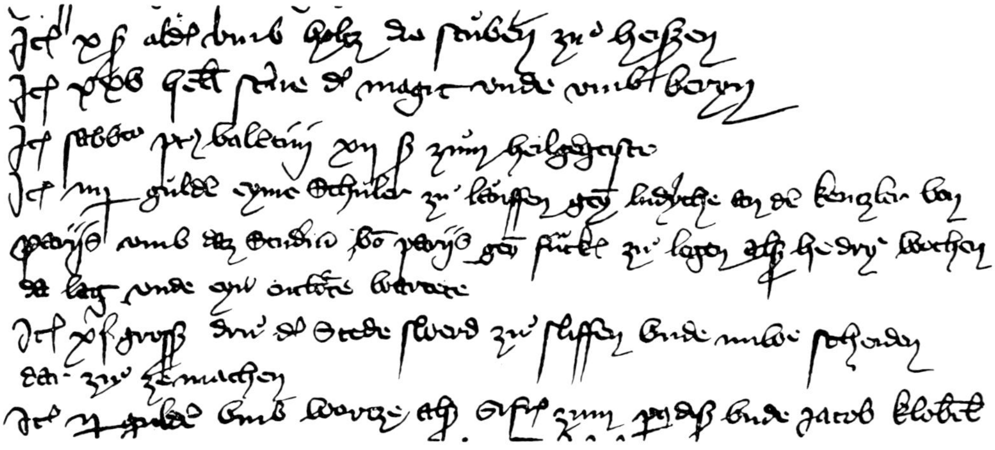

1384 Feb. 20: Plan einer Verlegung der Pariser Universität nach Frankfurt.
Rechenbuch 1383, 1944 verbrannt.

1405: Die alte Mainbrücke. Aus Bedebuch 1405, 1944 verbrannt.

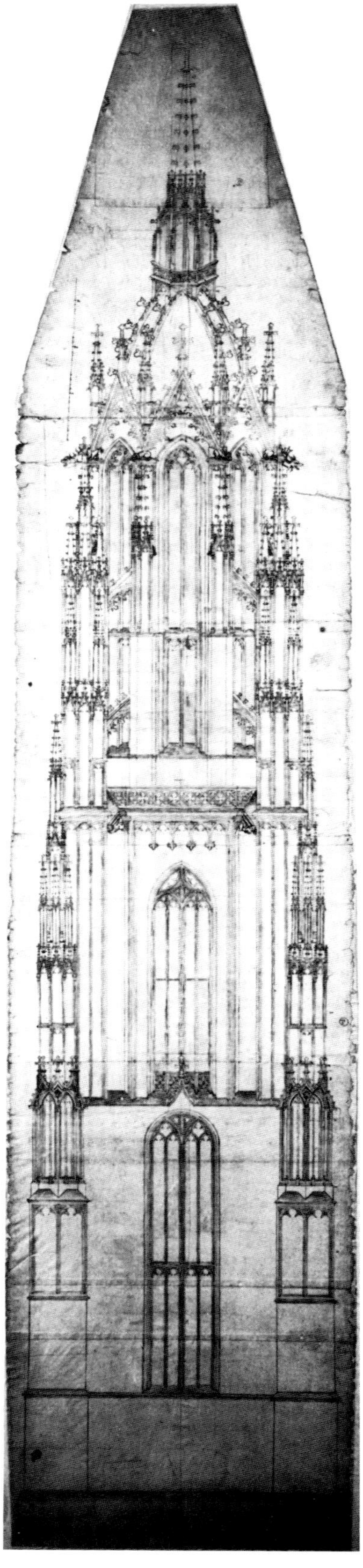

Um 1415: Bauriß des Pfarrturms von Madern GERTENER (z.Z. im Historischen Museum deponiert).

Stadtarchiv Frankfurt am Main, Grundrisse und Pläne.

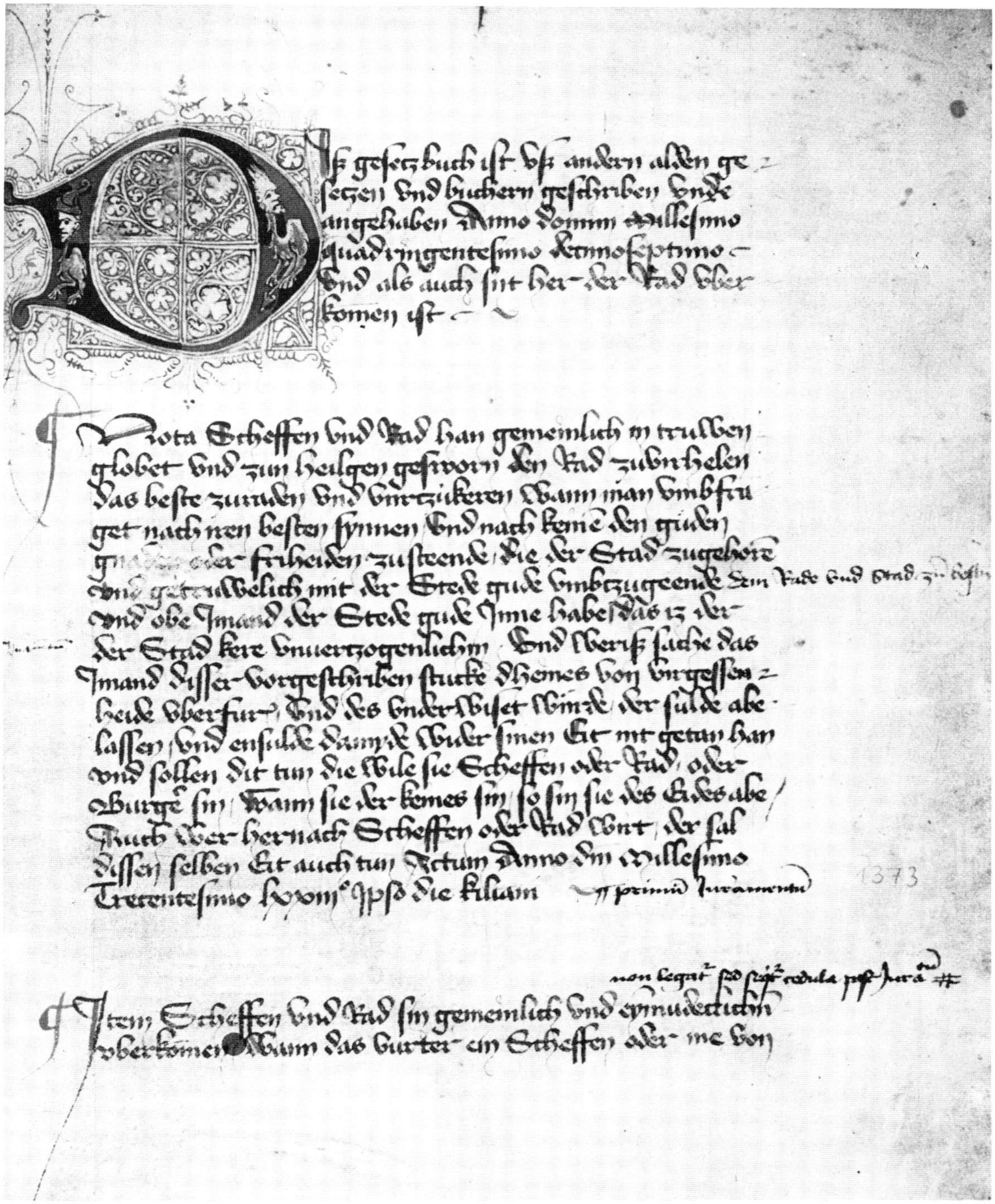

Dis gesetzbuch ist us andern alden ge-
setzen und buchern geschriben unde
angehaben Anno domini Millesimo
quadringentesimo decimoseptimo –
Und als auch sit her der Rad uber-
komen ist –

Nota Scheffen und Rad han gemeinlich in truwen
globet und zun heilgen gesworn dem Rad zu [illegible] helfen
das beste zu raden und vurzukeren wann man umbfra-
get nach iren besten synnen und nach keine den gunden
gnaden oder friheiden zu steende die der Stad zugehore
und getruwelich mit der Stede gude umbzugeende dem Rade und Stad zu besten
und obe imand der Stede gude inne habe das iz der
der Stad kere unuertzogenlichin Und were iz sache das
imand disser vorgeschriben stucke dheines von vergessen-
heide uberfure und des underwiset wurde der sulde abe
lassen und ensulde damide wider sinen Eit nit getan han
und sollen dit tun die wile sie Scheffen oder Rad oder
Burgere sin wann sie der keines sin so sin sie des Eides abe
Auch wer hernach Scheffen oder Rad wirt der sal
dissen selben Eit auch tun Actum Anno domini Millesimo
Trecentesimo lxxiij° ipso die Kiliani — primum Iuramentum 1373

non legatur sed scribatur cedula post Iuramentum #

Item Scheffen und Rad sin gemeinlich und eynmudeclich
ubirkomen wann das Urteil ein Scheffen oder me von

1417: Gesetzbuch II a f. 1.

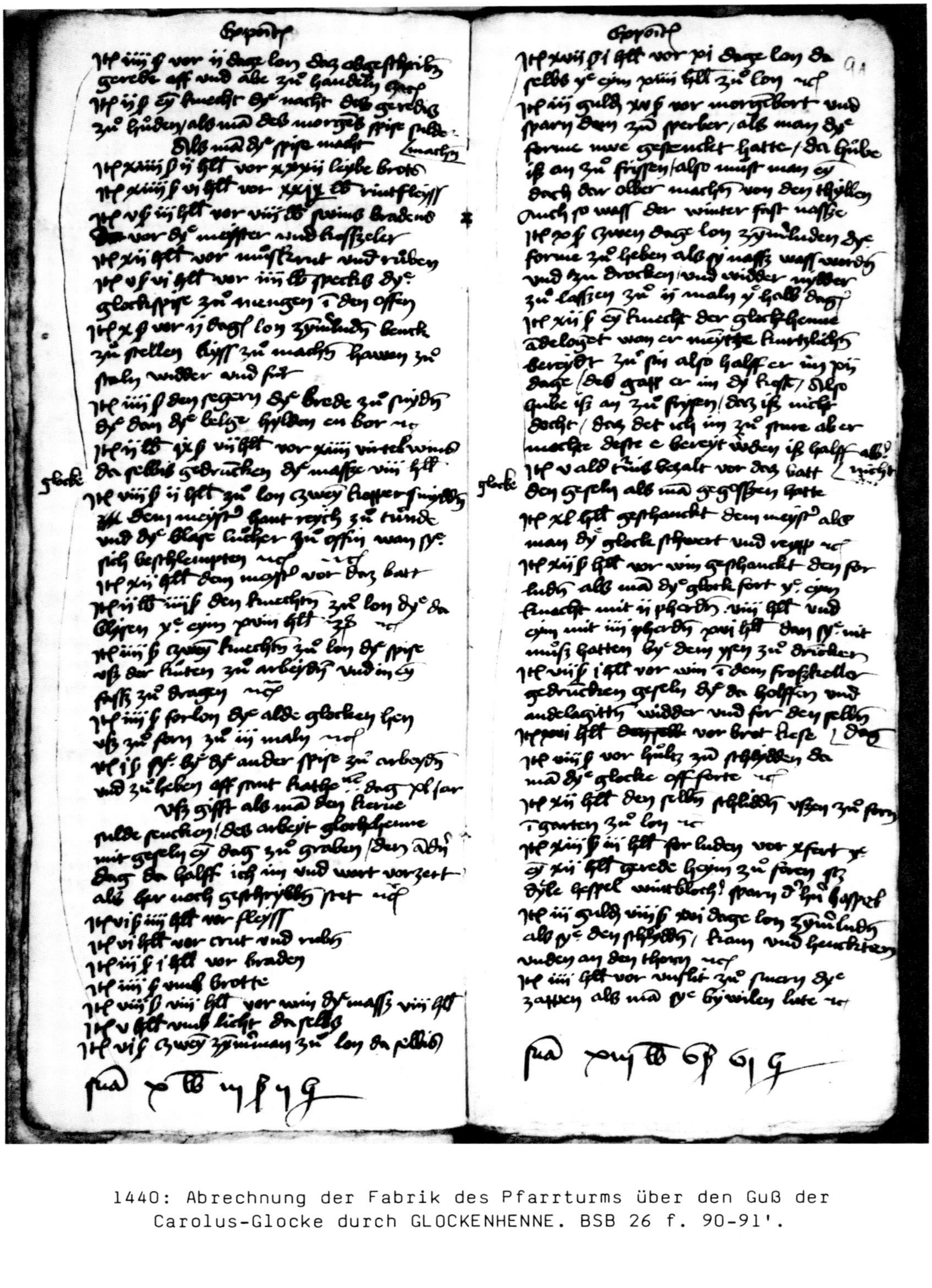

1440: Abrechnung der Fabrik des Pfarrturms über den Guß der Carolus-Glocke durch GLOCKENHENNE. BSB 26 f. 90-91'.

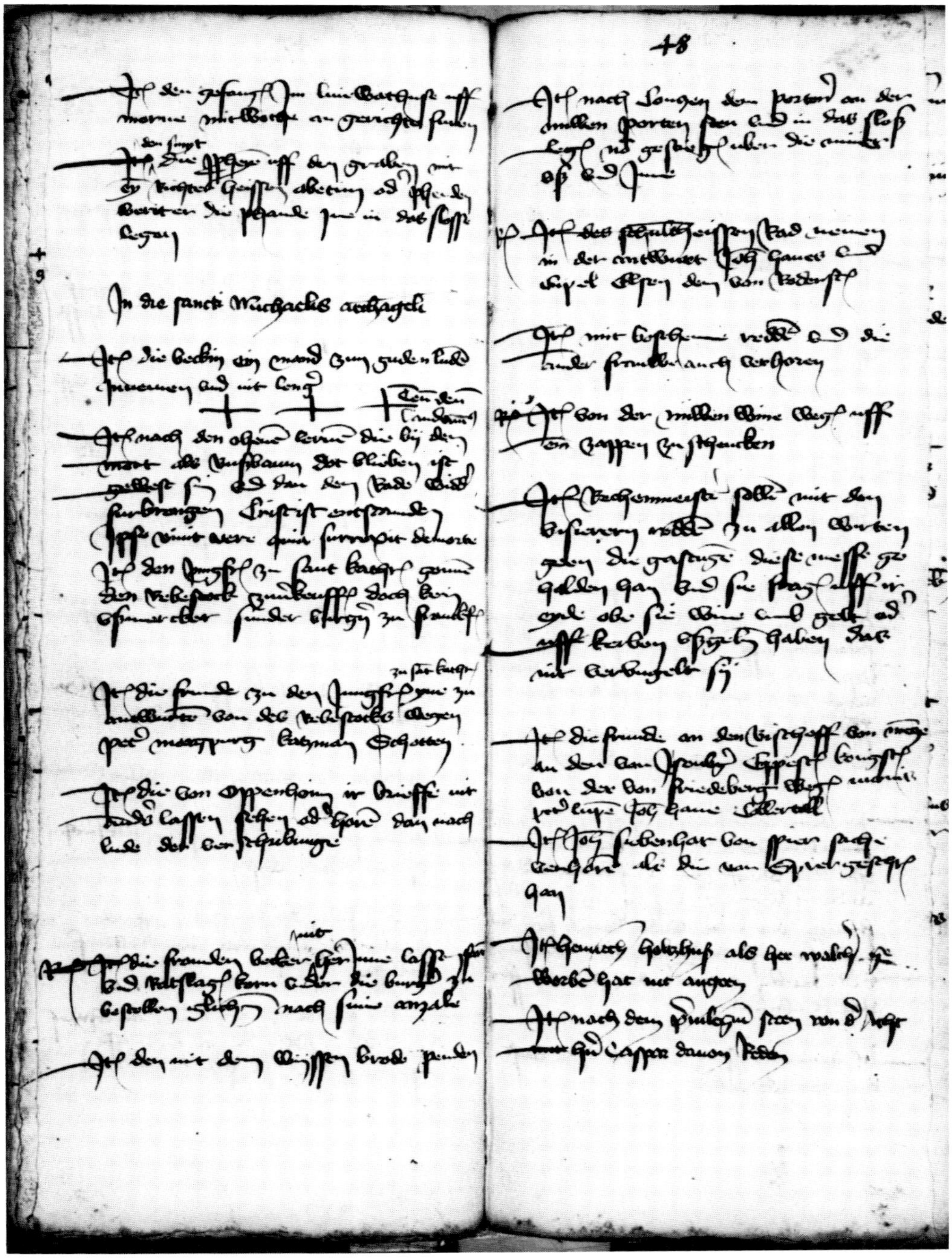

1446 Spt. 29: Drei Kreuze, Teum [!] deum laudamus, Crist ist entstanden, Kommentar des Ratsschreibers zum Mord an dem Juden BUSZBAUM. Bmb. 1446 f. 47'.

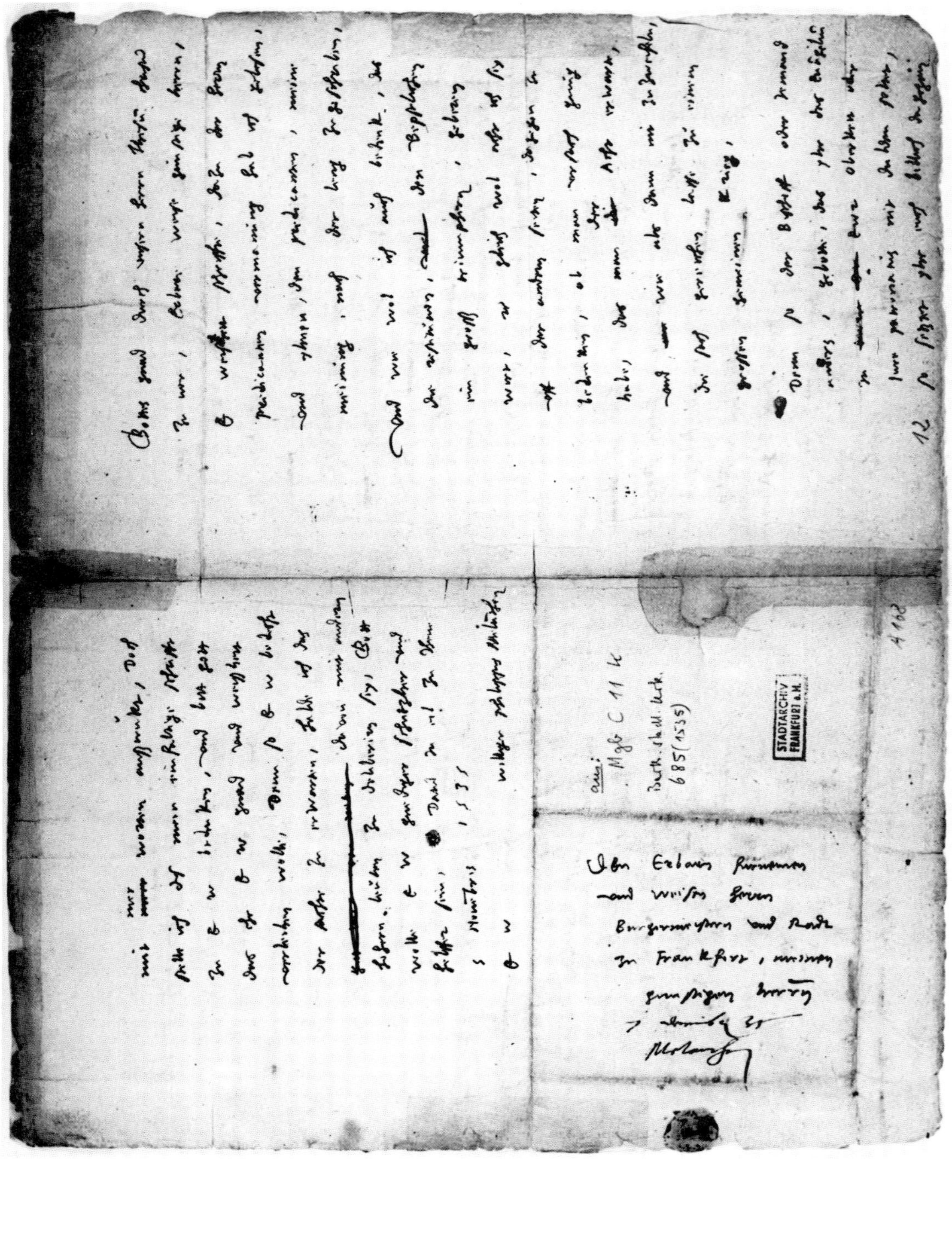

1535 Nov. 5: Philipp MELANCHTHON an den Rat zu Frankfurt. BSU 685/1535.

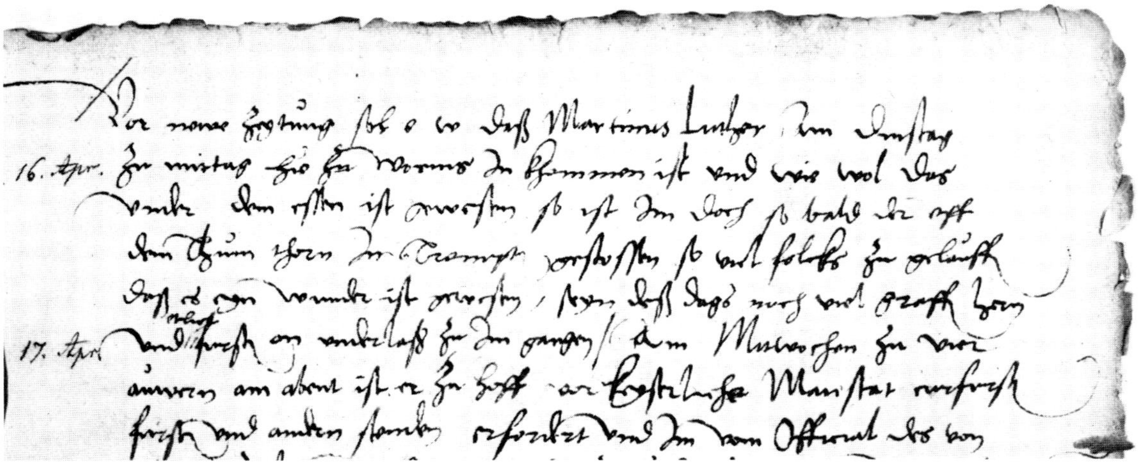

1521 Apr. 16: Der Frankfurter Bevollmächtigte Philipp FÜRSTENBERGER meldet die Ankunft Martin LUTHERs auf dem Wormser Reichstag. RtA Bd. 35.

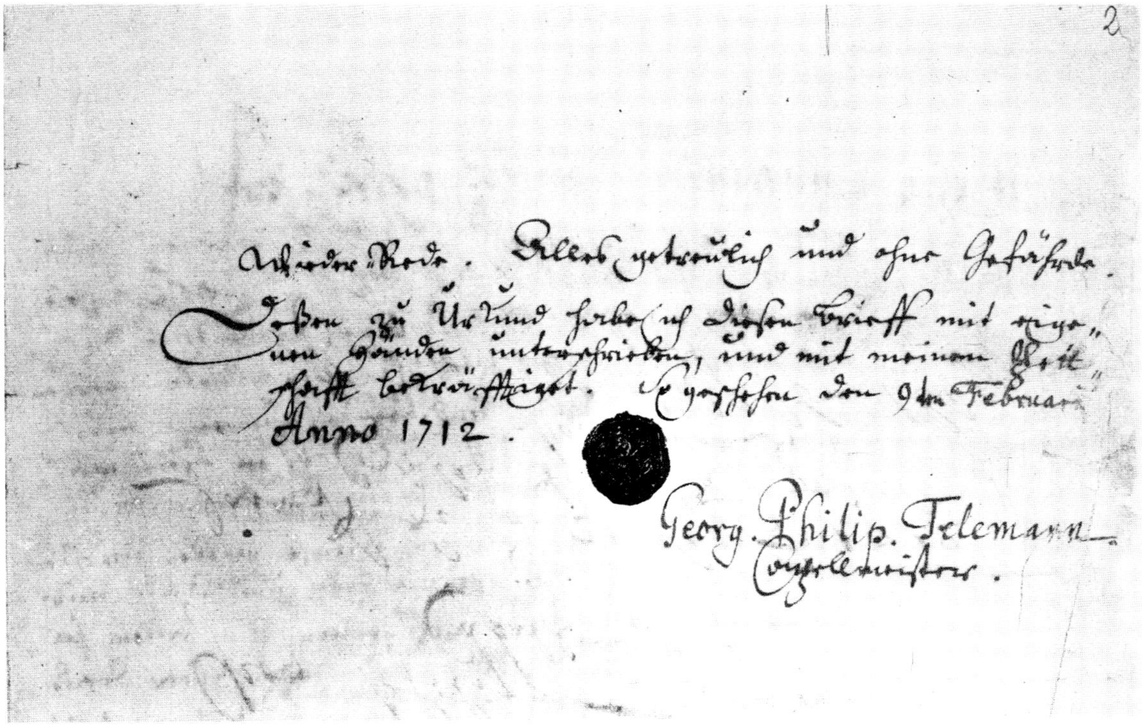

Anno 1712.

Georg. Philip. Telemann

1712 Feb. 9: Georg Philipp TELEMANN wird zum städtischen Musikdirektor bestellt. Dienstbriefe Nr. 1075.

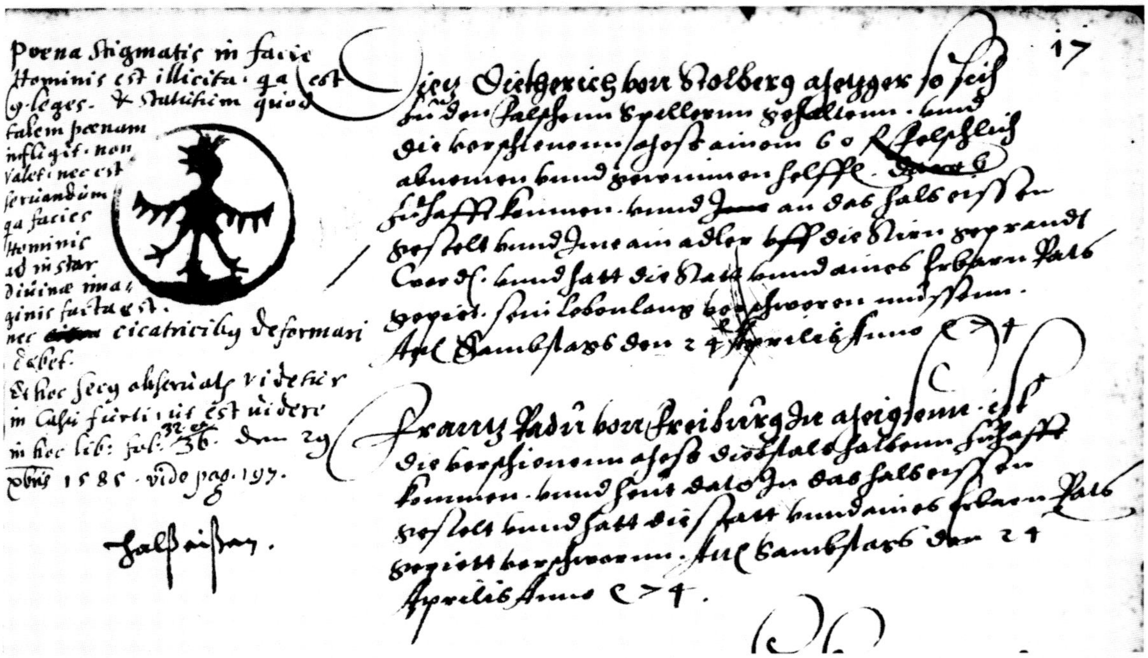

Poena stigmatis in facie hominis est illicita: qa est c. leges. & Ulpianum quod talem poenam infligit. non valet nec est servandum qa facies hominis ad instar divinae imaginis facta est. nec [illegible] cicatricibus deformari debet. Et hoc Jerg observat videtur in casu furti: ut est videre in hoc lib: fol. 32 et 36. den 27 obris 1585. vide pag. 197.

Halßeisen.

17

Jerg Dietherich von Stolberg, Geyger, so sich bei den [illegible] Spillern gesellen, und die vorgenanten Geschworn einen 60 fl. zu stehlen abnemen und genommen hette, [illegible] in die Hafft kommen, und [illegible] an das Halseisen gestelt und ime ain adler uff die Stirn gebrandt worden, und hatt die Statt und ainen halben Meil [illegible] sein lebenlang verschworen müessen. Act. Sambstags den 24 Aprilis Anno [15]74.

Frantz Fadin von Freiburg, der Geigenmacher, ist die vorgenanten Geschworn [illegible] halben in Hafft kommen, und hat deshalb an das Halseisen gestelt und hatt die Statt und aines halben Meil [illegible] verschworen. Act. Sambstags den 24 Aprilis Anno [15]74.

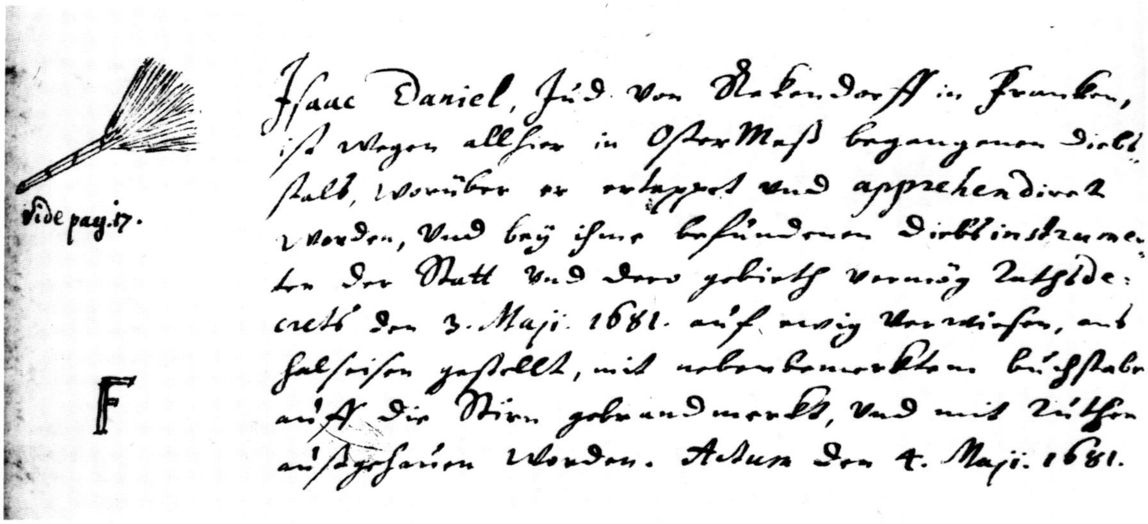

vide pag. 17.

F

Isaac Daniel, Jüd von Rebendorff in Francken, ist wegen allhier in OsterMeß begangenen diebstals, worüber er ertappet und apprehendiret worden, und bey ihme befundenen diebsinstrumenten der Statt und deren gebieth vermög Rathsdecrets den 3. Maji. 1681. auf ewig verwiesen, ans Halseisen gestellt, mit nebenbemerkten buchstaben auf die Stirn gebrandmarkt, und mit Ruthen außgehauen worden. Actum den 4. Maji. 1681.

Zwei Einträge (links) aus dem Strafenbuch f. 17 und 197' bezeugen das Alter der Saat, die 1933 aufging: 1585 wurde das Brandmarken eines Falschspielers auf der Stirn verworfen, da das Menschenantlitz nach dem Bilde Gottes geschaffen sei. Dieser Grundsatz fand bei christlichen Delinquenten in der Folge Beachtung. Als jedoch 1681 ein Jude bei einem Diebstahl gefaßt wurde, brannte man ihm ein "F" in die Stirn: Sein Antlitz war offenbar nicht "ad instar divinae imaginis" geschaffen. Die Faschisten sprachen später einfach von "Untermenschen" (unten ein Beispiel für antisemitische Hetze in Frankfurt).

Um 1900: Postkarte des "Kölner Hofs".

Um 1600: Rezept der Frankfurter Pillen. Medicinalia o.B.

Die Bäbstische Meß/ welche ist der grewlichste Grewel aller Grewel:

sambt deroselben wunderbaren vnd seltzamen abgöttischen meßgeberden/

Reimenweise warhafftig vnnd gründlich beschriben.

Durch R. F. Theophilum Mysomissum Hostosticensem, Ordinis Prædicatorum

HOer lieber Bruder Gottes Knecht
Was sagen dir mein Reimen schlecht
Eins mals ich in ein Kirch wolt gehen
Den Gottesdienst da zu besehen/
Welcher gahr nicht sol eitel sein
Sondern von allen mängeln reyn
Auch nicht auß Menschen hirn erdicht
Sondern nach Gottes wort gericht
Nun aber merck was ich vernam
Als bald ich in die Kirchen kam
Ein pfaffen ich darin sahe stahn
Der wie ein Aff war angethan/
Der hatt ein kopff gleich als ein farr
War gantz verstelt wie ein Narr
Dan auff dem Kopff trug er ein Platt
Den bart er auch beschoren hatt
Er war mit einem strick vmbfangen
Als wollt man in an Galgen hangn.
Von aussen schien er heilig zwar/
Ein schalck aber im Hertzen war.
Dann einer mir anzeigen thet/
Daß er im Hauß zwo Huren het:
Daher die gantze Pfaffenschar/
Den Stand der Ehe verachtet gar,
Auff daß sie stets mit grosser Schandt
Nur führen mögen den Hurenstandt:
Kan es nicht offentlich geschehn/
Muß es gar heimlich doch zugehn.
Der Pfaff stund vor einem Altar
Welcher herrlich gezieret war
Mit Gold vnd mit Edelgestein/
Dazu mit vielen Götzlein klein/
Sampt Kertzen die man brennen sah/
Wol mitten an dem hellen tag/
Er hat auch angethan ein Kleidt/
Gar schön vnd köstlich zubereit/
Auff des Rücken war abgemahlt
Christi Creutz nach seiner gestalt/
Dardurch dann Christus würdt veracht/
Weil mans Creutz auff den Hindern macht.
Bald er in Ohnmacht niderfellt/
Bald sich doch wider auffrechts stelt/
Bald ruffet er mit andacht an/
Die Heiligen bey Weib vnd Mann/
Begert sie wöllen für ihn bitten
Vnd ihn für not vnd gefahr behüten.
Ins Messenbuch darnach er lugt/
Darin das heilig Creutz er sucht:
Welchem er schnäblin theilet auß/
Gleich seiner Köchin in dem Hauß/
Vnnd hauchet dann vber ein ding
Formiert wie Judas Silberling/
Ostien der Bapst es hat genannt/
Den Götzendienern wolbekannt:
Derselben gibt/ wie auch dem Wein/
Der Pfaff ein heimlich Losung ein:
So bald er nur fünff wörtlein spricht
Ein Gott er drauß hat zugericht.
Derselb ohnmechtig Ostien Gott/
Gar offtmals wird gemacht zu spott
Wann ihn die Pfaffen sperren ein/
In ein vermachtes Heuslein:
Vnd tragen jhn in der Monstrantz/
Als wann man führt ein Braut zum tantz/
Mit Pfeiffen/Trommen/Seitenspiel/
Spieß/Fahnen/Harnisch/Büchsen viel.
Wann er nun hat also spatziert/
Vnd sich fein lustig recreirt/
Vnd es die Pfaffen zeit dünckt sein/
Sperren sie den Götzen wider ein/
Gefangen sitzt er dann ein zeit
Biß etwan auß Barmhertzigkeit
Ein Pfaff kömpt vnd öffnet das Schloß/
Vnd lest seinen Narren Gott wider loß/
Jedoch mit solchem vorbehalt/
Daß er davon fein maltzeit halt
Welches wir nun setzen an sein ort/
Vnd mit der hauptsach fahren fort
Vnd kommen zu des pfaffen that
Wie er die meß gerumpelt hat.
Jetzt [illegible] der Pfaff zu heulen
Gleich wie die esel/ wölff vnd eulen.
Die bawern hören mit fleis zu
Verwundern sich was man da thu
Sprechen nuff maff/ was thut der Pfaff/

Wie stellet er sich wie ein Aff/
Mit solchen Ceremonien
Der man sich muß verwundern
Dan jetzund seine Knie er beugt
Darnach er mit den Armen fleugt
Bißweilen jhm die noth bewegt
Das er sein Händ zusamen schlegt
Welche er doch zur selben stund
Außdähnet wie ein fauler Hund
Vnd strecket von sich wie ein geck
Die Armen auß in alle Eck
Bißweilen er herumbher geht
Biß weilen auff die Zähen steht
Als ob er wolt daheim im Haus/
Zum Schornstein oben gucken auß
Jetzt thut er schreien gantz grewlich
Jetzt murmelt er vnd stillet sich:
Jetzt guckt er gen Himmel nauff/
Als schauwet er der Sternen lauff.
Kan auch nicht stille bleiben stehn/
Muß vorm Altar her wandern gehn.
Die Leut so es sehen von fern/
Meynen der Pfaff tantzte gern.
Gar hurtig mit den Fingern fein/
Macht er gar artige Bösselein:
Vnd blinde schirmenstreich viel thut/
Damit er meint das Creutze gut:
Welchs er also vor sich thut schlagn/
Als ob er wolt den Cuntzen jagn.
Die groben Bauwren so es sahen
Sprachen der Pfaff will Mucken fahen/
Werens nicht so geistliche Sachn
Sie hettens warlich müssen lachn.
So bald man mit der Schellen klingt/
Sein Arm er in die höhe schwingt/
Vnnd hebt auff seinen Ostien Gott/
Den er zuvor geschaffen hat:
Wie er bekennt außtrucklich frey
Daß er seins Schöpffers Schöpffer sey.
Den Kelch er auch zur selben frist
Auffhebt so hoch ihm müglich ist.
In dem er läßt gar spötterlich/
Von hinden zu entblössen sich/
Vnd zeigt den Leuten seinen ERA,
Als het er Heiligthumbs Knochen da:
Vnd daß man/ obs regnen wolle/
In sein Calender lugen solt:
Oder ob man dem Herrlein fein/
Ein Clistier tranck solt geben ein.
Das abgöttische Pfaffengsind/
Vnd andere so man vmbher find/
Wann sie nur diesen Herr Gott sehn/
Nicht lenger mögen bleiben stehn/
Vnnd fallen nieder vmb die wett/
Ob sie der Donner troffen hett.
Wann nun der Pfaff den falschen Gott
Für die Sünde geopffert hat/
Setzt er denselben wider hin/
Vnnd gibt dem Altar Schmätzelein.
Die Leut so noch bey leben seind/
Begauckelt der arglistig feind/
Vnd wie der Pfaff sie für ihr gelt/
Betreugt vnd gar für Narren helt:
Also sagt er auß falschem wohn/
Daß er den Todten guts könn thun/
Vnd ihnen auß der Hellen Glut
Helffen für das vergenglich gut.
Darnach er mit den Augen sein
Sich stelt als müst er schlaffen ein:
Man solt ihn mit eim guten steckn
Widerumb auß dem Schlaff auffweckn.
Doch wie ein schlaffende Hunde anbricht
Wann ihn ein Floch gar neidisch sticht:
Er also plötzlich auch erwacht/
Vnnd sein bossen zum ende macht:
Auff die Brust er sich selber schlegt/
Dazu sein andacht ihn bewegt/
(Wann ihn ein ander schlagen thet
Dasselb mehr krafft vnnd würckung het.)
Vnd nimpt zu gleich das Hostienbrodt
Welchs er zuvor geopffert hat.
Beklagt dasselbig gantz jämmerlich/
Vnd sicht darzu so grewelich/
Als einer der ein mördrisch that/
Zuthun ihm fürgenommen hat:

Nicht anderst als ein Kalb auß sicht/
Dem man jetzund den hals absticht
Wann er nun wie ein hund das Bein
Gewelgert hat sein Götzelein/
Bricht ers in etlich stück entzwey
Vnd fehrt damit zum Munde frey/
Vnd schluckt hinab gantz vngekawt
Sein Hostien Gott dem er vertrawt
Den Kelch auch gar außsauffen thut
Daß nicht drinn bleib ein tröpflin gut:
So lang der nach dem weine schmeckt/
Ihn wie ein aff sein junge leckt:
Damit der Pfaff anzeiget fein/
Daß es muß außgesoffen sein:
Vnd daß er sey ein geistlich man/
So wol vom grund außsauffen kan/
Dann Hurerey vnd Trunckenheit
Zieret der Pfaffen geistlichkeit.
Darnach gar sauber wascht die Hend
Daß er vnschuldig werd erkennt/
Nicht anders als Pilatus thet/
Da er Christum verurtheilt het.
Mit auffgeregten armen sein
Zeigt er dem Volck das schüsselein/
Welchs er alsdann vor seine lust/
Helt an sein stirn vnd heilig brust.
Wann nun der vngestalte aff
Der heßlich vnd vermumte Pfaff/
Dermassen hat messificirt/
Vnnd dem Teuffel sacrificirt:
Alsbald darnach so macht er auch/
Mit dem Rauchvaß ein guten Rauch:
Welchen er hin vnd her thut schlagn/
Hoffet den Teuffel zuverjagn:
Dem Rauch auch selbst/ als wer er Gott/
Mit Kniebeigen sein Ehr an thut.
Was anlangt den gantzen innhalt/
So hat die sach ein solch gestalt/
Gleich wie es mit der Katzen ist/
Welche die Meußlin endlich frißt/
wenn sie mit ihn gespielet hat/
Also der Pfaff thut seinem Gott.
Anfangs mit ihm treibt affenspiel/
Seltzam bossen vnd kurtzweil viel:
wie solches angezeiget ist/
Biß daß er ihn auch endtlich frißt.
Als Eulenspiegel wollte fliegn/
Vnd die Leut vmb das gelt betriegn:
Hat sich so närrisch nicht gestelt/
wie jetzt vom Pfaffen ist gemelt.
Mancher gibt etlich Pfenning auß/
Daß er kom in eins Gaucklers Hauß:
wann er davor zur Meß thet gehn/
würde er umb sonst gut bossen sehen.
Dieweil dann in der Meß durch auß/
Das best nicht werth ist einer Lauß/
Vnnd alles darinn gar hefftig sehr
Streitet wider Gott vnd sein Ehr:
So ehret man den höchsten Gott
wann man der Meß nur weidlich spott/
wer aber hat gefallen dran/
Verachtet Gott im Himmelsthron.

Warnung zum beschluß/ an den Meß-
hessigen vnd christliebenden leser

Welcher nun ist | zu aller frist
Ohn arge List | Ein frommer Christ
Den warne ich | Gantz treulich
Das fleissiglich | Er hute sich
Fur gleisnerey | Betrigerey
Abgotterey | Vnd fantasey
Aller Papisten | Vnd Romanisten
Die sich mit listen | Auch nennen Christen
Vnd doch allein | Wollen im schein
Vnd sonsten kein | Gut Christen seyn
Dann diese Rott | Nur lauter spott
Dreibt wider Gott | Vnnd seyn Gebott

Ex expist. Ieremiæ Baruch. 6. versic. 72.

Wol dem menschen der gerecht ist vnd keine götzen hat/ der wird nicht zu spott

ITE MISSA EST.

[illegible]

Sprach Die Katz zum Hund
Würst seynd vngesund

Vidit approbavit & admisit insignis Theologus Hugo Hugonota zvvingelburgensis societatis Iesu in monte Calvariæ Presbyter, Apostolicus item censor, nec non Antichristiana pravitatis inquisitor &c.
IHS.

P R I V I L E G I U M.

Mit Röm. Bäpstl. Heyl. Freyheit 20000. Jahren nicht nachzudrucken/ bey Peen der H. Röm. Kirchen Bannlosen Bannstralen vnd breulosen Fegfewers: auch dem allerheil. Vatter dem Babst seine wolschmeckende Bisams vnd Chrisams süsse Füsse nimmermehr weder vnten noch oben zu küssen.

Anno: IVpIter & CaIaphas est PAPA atque Ve est PoLyphemVs: ILLe IoVes reLIq Vos fabrICatqVe GoLItqVe VoratqVe

1606/1607: Antipäpstliche Flugschrift. Buchdruck und Zensur 27 f. 97.

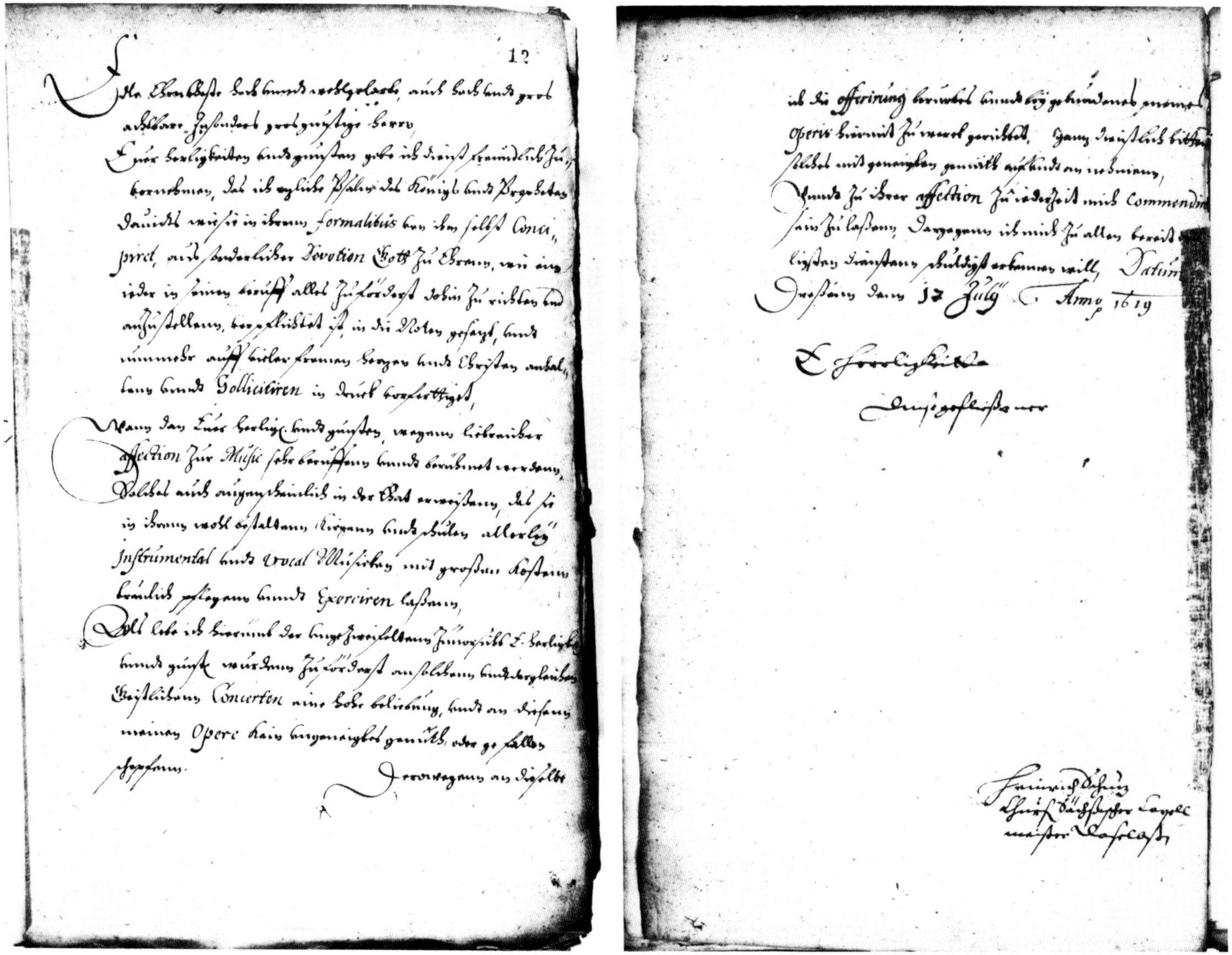

1619 Juli 17: Heinrich SCHÜTZ offeriert dem Frankfurter Rat seine Psalmen Davids. Ratssupplikationen 1619 III f. 12-12'.

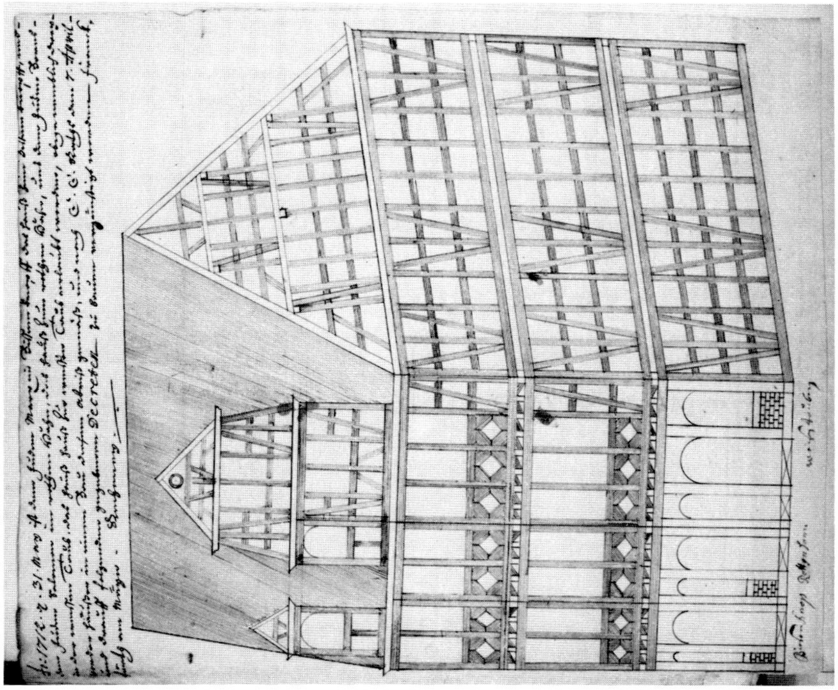

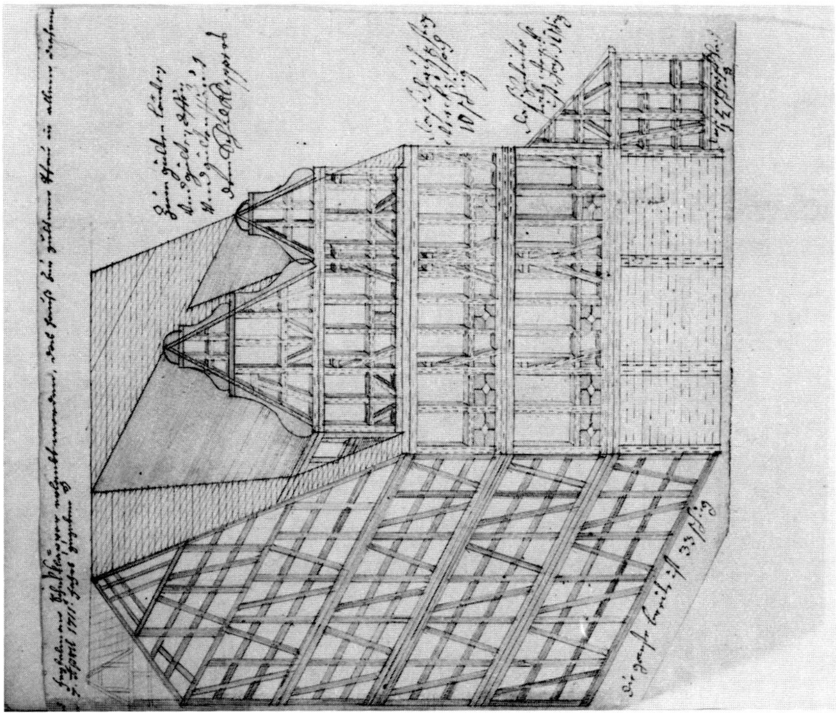

Judenbaubuch 1711 f. 1 und 93.

WIr Burgermeistere und Rath des Heil. Römischen Reichs-Stadt Franckfurt am Mäyn/ fügen hiemit männiglichen zu wissen; Demnach die höchst-betrübt- und traurige Nachricht eingelangt/ daß GOtt der Allmächtige/ nach seinem unerforschlich-allein Weißen Rath und Willen / den Allerdurchläuchtigsten / Großmächtigst- und Unüberwindlichsten Fürsten und Herrn/ Herrn JOSEPHUM, den Ersten dieses Namens/ erwehlten Röm. Käysern, zu allen Zeiten Mehrern des Reichs / in Germanien/ zu Hungarn / Böheim/ Dalmatien / Croatien und Sclavonien König / Ertz-Hertzogen zu Oesterreich / Hertzogen zu Burgund / Steyer / Kärnten / Crain und Württenberg / Graffen zu Habspurg / Tyrol und Görtz 2c. unsern Allergnädigsten Käyser und Herrn / nunmehro höchstseligsten allerglorwürdigsten Andenckens / jüngsthin / den 17. dieses Monaths Aprilis, durch den zeitlichen Todt von dieser zergänglichen Welt ab- und zu sich in sein Reich der Glorie und Herrlichkeit gefordert / und dadurch das gantze Römische Reich / durch Hinnehmung seines bißherigen Allerhöchsten Oberhaupts in einen höchstbekümmerten Trauerstand gesetzet hat; Daß wir zu Bezeugung unserer deßfallß tragenden allerunterthänigsten höchst-schuldigsten Condolenz die Verordnung gethan / befehlen auch hiemit ernstlich / und wollen / daß in der Stadt und denen Dorffschafften nun und hinführo eine zeitlang / so wohl bey denen Hochzeiten / andern gemeinen Gastereyen und allen Zusammenkünfften / als auch in denen offenen Herbergen / Gast- und Wirths-Häusern / alle Musiquen / Täntz / Klang und Seiten-Spiel / Kirchweyhen / und sonsten alle und jede Lustbarkeiten und üppiges Leben / wie auch das an und vor sich selbsten ärgerliche nächtliche umlauffen und tumultuiren auff den Gassen unterlassen werden / hergegen aber sich ein jeder eines Gottseligen Lebens und Wandels / insonderheit auch durch modeste Kleider-Trachten / befleissigen / und benebenst den Allerhöchsten mit andächtig- und inbrünstigem Gebett hertzlich anruffen solle / daß dessen Güte diesen in dem Heil. Römischen Reich gethanen großen Riß fürdersambst gnädiglich wiederum wenden und ersetzen / und dasselbe mit einem anderwärten friedfertigen Oberhaupt / unter dessen Reichsvätterlichem Schutz und Schirm jederman an seinem Orth in Friede und Ruhe GOtt ferner möge dienen können / mildiglich versehen wolle! Wie wir nun der Zuversicht leben / es werde jedermann alles obige in gebührende Obacht nehmen / und deme also würcklich nachkommen; Also werden auch die Ubertrettere die verdienende Bestraffung gewiß und ohnfehlbar zu gewarthen haben.

Geschlossen bey Rath /
Freytag / den 24. Aprilis Anno 1711.

DEmnach der Hochwürdigsten Durchlauchtigsten des Heil. Röm. Reichs bey gegenwärtigem Wahl-Tag anwesender hoher Herren Chur-Fürsten / Churfürstl. Gnaden und Durchlauchtigkeit / auch derer Abwesenden Höchst-vortrefflichen Herren Bottschafftere und Gesandte / Einem Hoch-Edlen und Hochweisen Rath gnädigst und gnädig anzeigen lassen / daß sie nächst kommenden Mittwoch / den 24. dieses Monaths Januarii zu der Wahl eines Römischen Königs und künfftigen Kaysers würcklichen zu schreiten / und dieselbe vorzunehmen / entschlossen;

Als werden von wegen wohlgedachten Raths / Krafft der / nach Innhalt der guldenen Bull dem Höchstlöbl. Chur-Fürstl. Collegio geleisteten Eyds-Pflichten / alle und jede Fremde / sie seyen auch wer sie wollen / und welche in Höchst-gedachter Hoher Herren Chur-Fürsten und derer abwesenden Höchst-ansehnlicher Gesandschafften Comitat nicht gehörig / hiemit dahin ernstlich / und nach befinden bey Leibs- oder anderer Straff / erinnert / und selbigen anbefohlen / daß sie sich Dienstags den 23. hujus bey Sonnenschein von hier hinweg / und aus hiesiger Stadt begeben / auch kein Burger oder Beysaß / jemanden solcher Fremden / bey gleichmäßiger Straff / einigen heimlichen Unterschleiff oder Aufenthalt geben / sondern dieselbige / so viel an ihnen ist / von sich ab- und ausschaffen sollen. Ingleichen sollen auch alle dermahlen etwa allhier befindliche fremde Juden bey ohnausbleiblich schwerer Straff sich ohnverzüglich von hinnen weg machen / sonsten aber männiglich / und sonderlich die unter hiesigem Schutz stehende Juden / in Zeit solcher Königlichen Wahl auf den Gassen sich nicht betretten lassen / sondern in ihren Wohnungen sich still verhalten / damit Ein Hoch-Edler und Hochweiser Rath gebührende Andung fürzunehmen nicht Ursach haben möge / wornach sich ein jeder zu richten / deme also gehörig nachzukommen / mithin für Schimpff und Straff zu hüten wissen wird.

Geschlossen bey Rath Donnerstags den 18. Jan. 1742.

1711/1742: Ratsverordnungen zum Tode Kaiser JOSEPHs I. und zur Wahl nach dem Tode Kaiser KARLs VI.

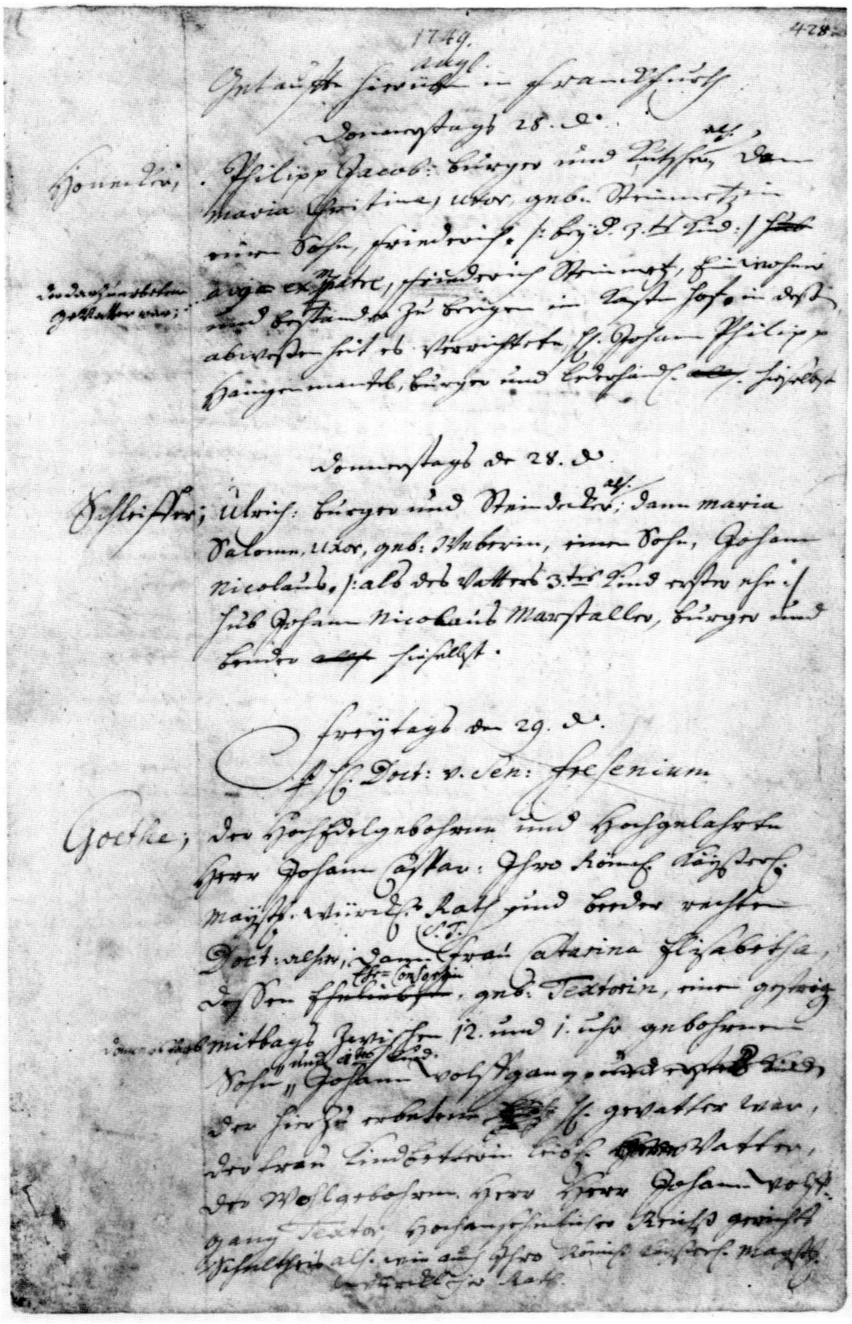

1749 Aug. 29: Taufeintrag Johann Wolfgang GOETHEs.
Taufbuch 1749-1750, Konzept.

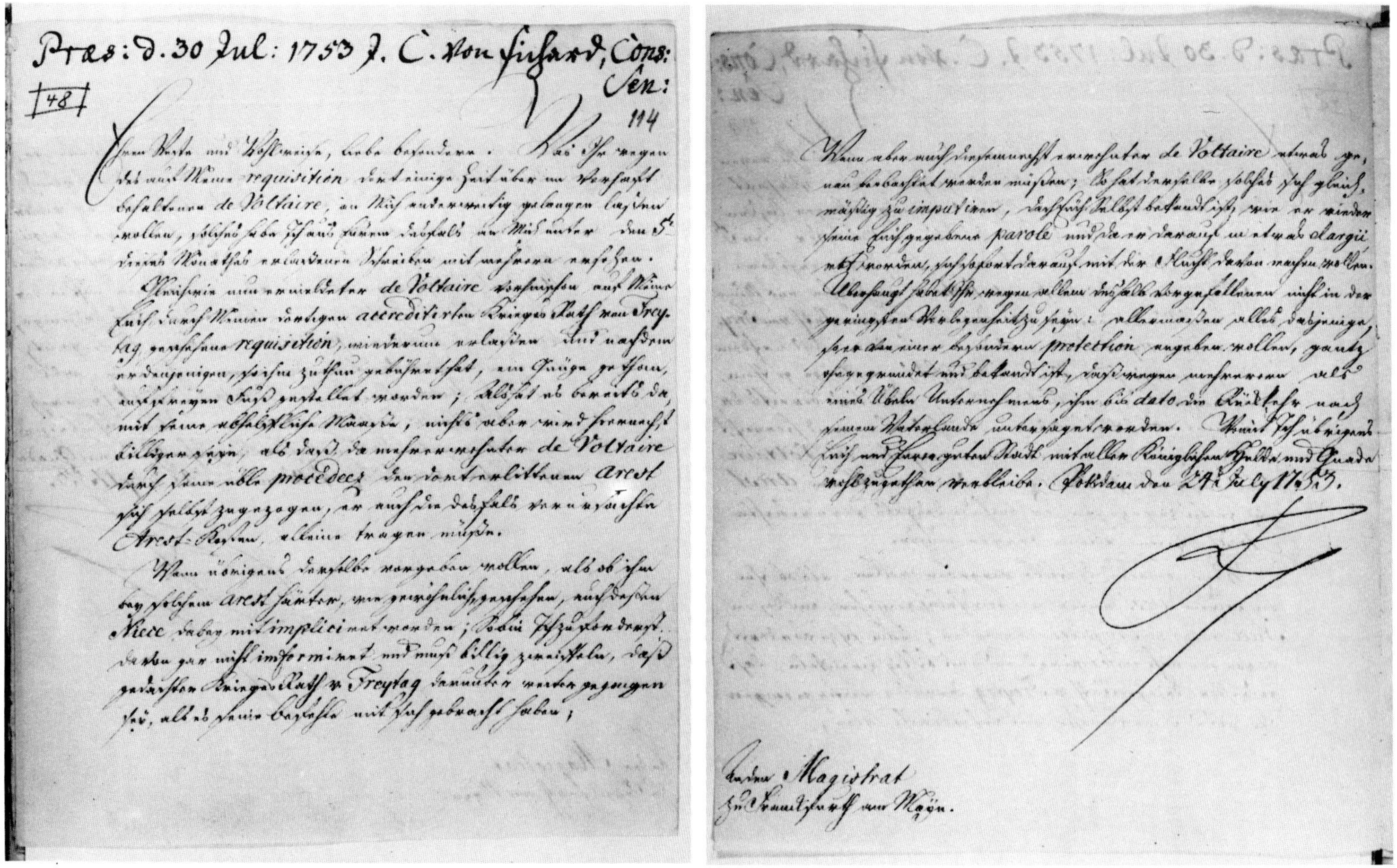

1753 Juli 24: König FRIEDRICH II. in Preußen an den Rat zu Frankfurt. RS III 371 f. 114-114'.

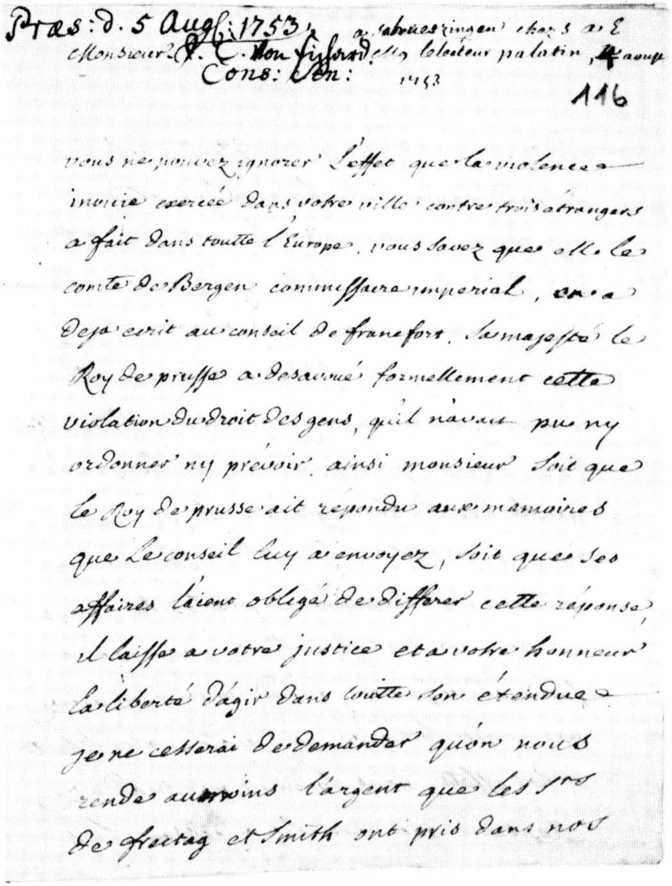
Praes: d. 5 Aug. 1753.
a Schwetzingen chez S. A. E. Monsieur l'electeur palatin, 4 aoust 1753
Cons: Sen:
116

vous ne pouvez ignorer l'effet que la violence
inouie exercée dans votre ville contre trois etrangers
a fait dans toutte l'Europe. vous savez que s. e. le
comte de Bergen commissaire imperial, en a
deja ecrit au conseil de francfort. sa majesté le
Roy de prusse a desavoué formellement cette
violation du droit des gens, qu'il n'avait pu ny
ordonner ny prevoir. ainsi monsieur soit que
le Roy de prusse ait repondu aux memoires
que le conseil luy a envoyez, soit que ses
affaires l'aient obligé de differer cette réponse,
il laisse a votre justice et a votre honneur
la liberté d'agir dans toutte son etendue.
je ne cesserai de demander qu'on nous
rende au moins l'argent que les srs
de freitag et Smith ont pris dans nos

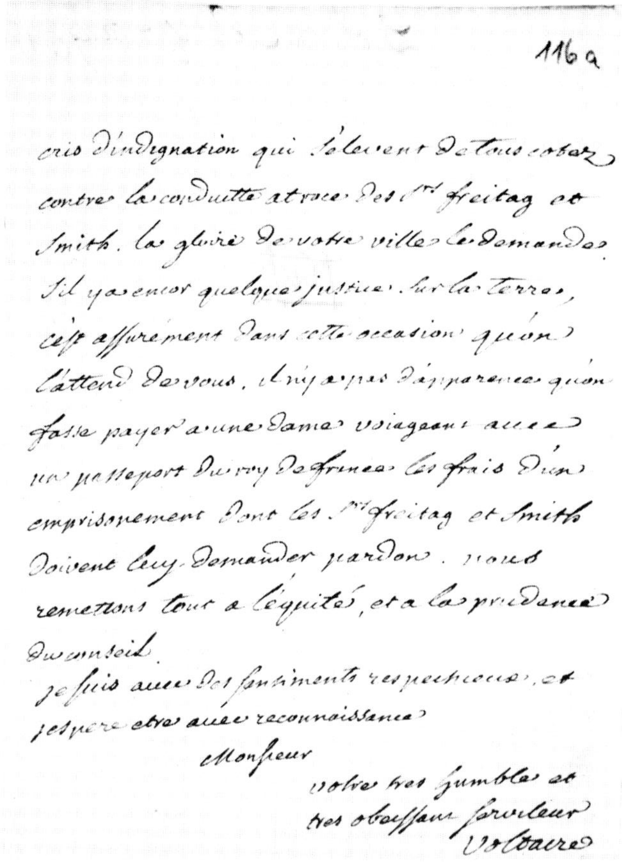
116 a

cris d'indignation qui s'elevent de tous cotez
contre la conduitte atroce des srs freitag et
Smith. la gloire de votre ville le demande.
s'il y a encor quelque justice sur la terre,
c'est assurement dans cette occasion qu'on
l'attend de vous. il n'y a pas d'apparence qu'on
fasse payer a une dame voiageant avec
un passeport du roy de france les frais d'un
emprisonement dont les srs freitag et Smith
doivent luy demander pardon. nous
remettons tout a l'equité, et a la prudence
du conseil.
je suis avec des sentiments respectueux, et
j'espere etre avec reconnaissance
Monsieur
votre tres humble et
tres obeissant serviteur
Voltaire

1753 Aug. 4: VOLTAIRE an den Rat zu Frankfurt. RS III 371 f. 116 und 116 a.

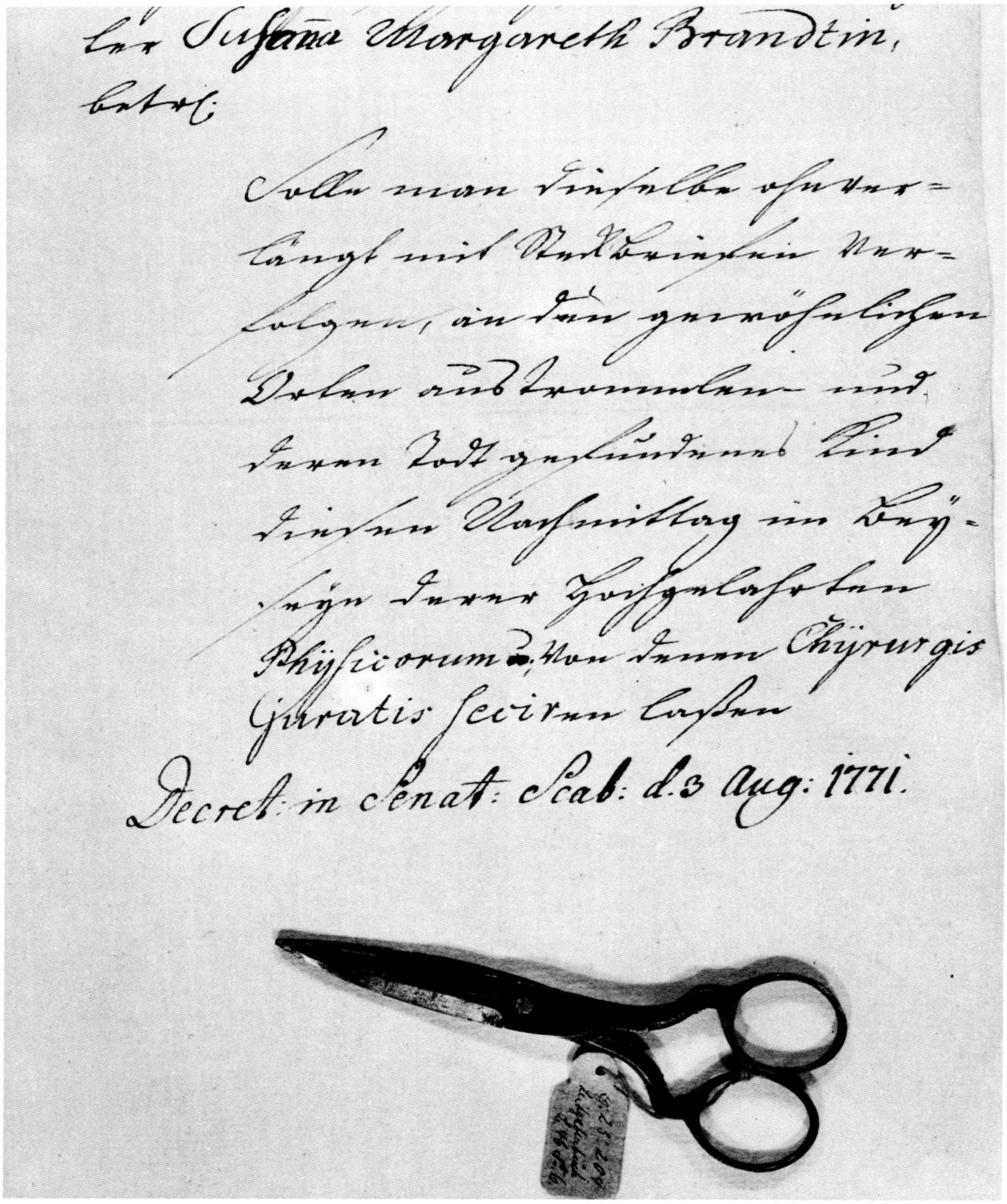

der Susanna Margareth Brandtin,
betref:

Solle man dieselbe ohnverlangt mit Steckbriefen verfolgen, an den gewöhnlichen Orten austrommeln und deren todt gefundenes Kind diesen Nachmittag in Beÿseÿn deren Hochgelahrten Physicorum, von denen Chÿrurgis Gratis seciren laßen

Decret: in Senat: Scab: d.3 Aug: 1771.

1771 Aug. 3: Fahndung nach Susanna Margareth BRANDT.
Darunter: das "corpus delicti".
Criminalia 1771 Nr. 62.

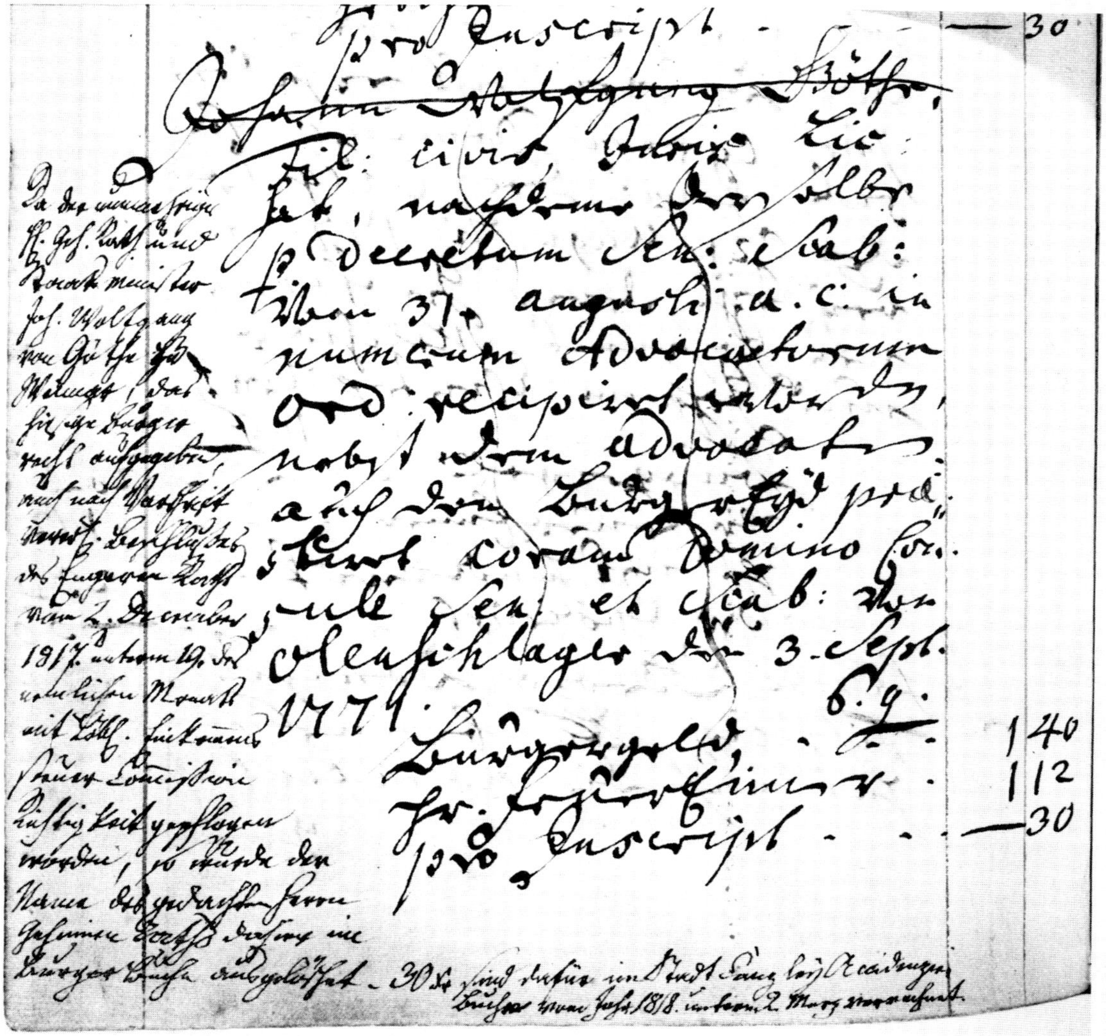

1771 Spt. 3/1818 März 2: Bürgereintrag Johann Wolfgang GOETHEs, gelöscht bei Aufgabe des Bürgerrechts. Bürgerbuch Nr. 16, 1766-1744, f. 271'.

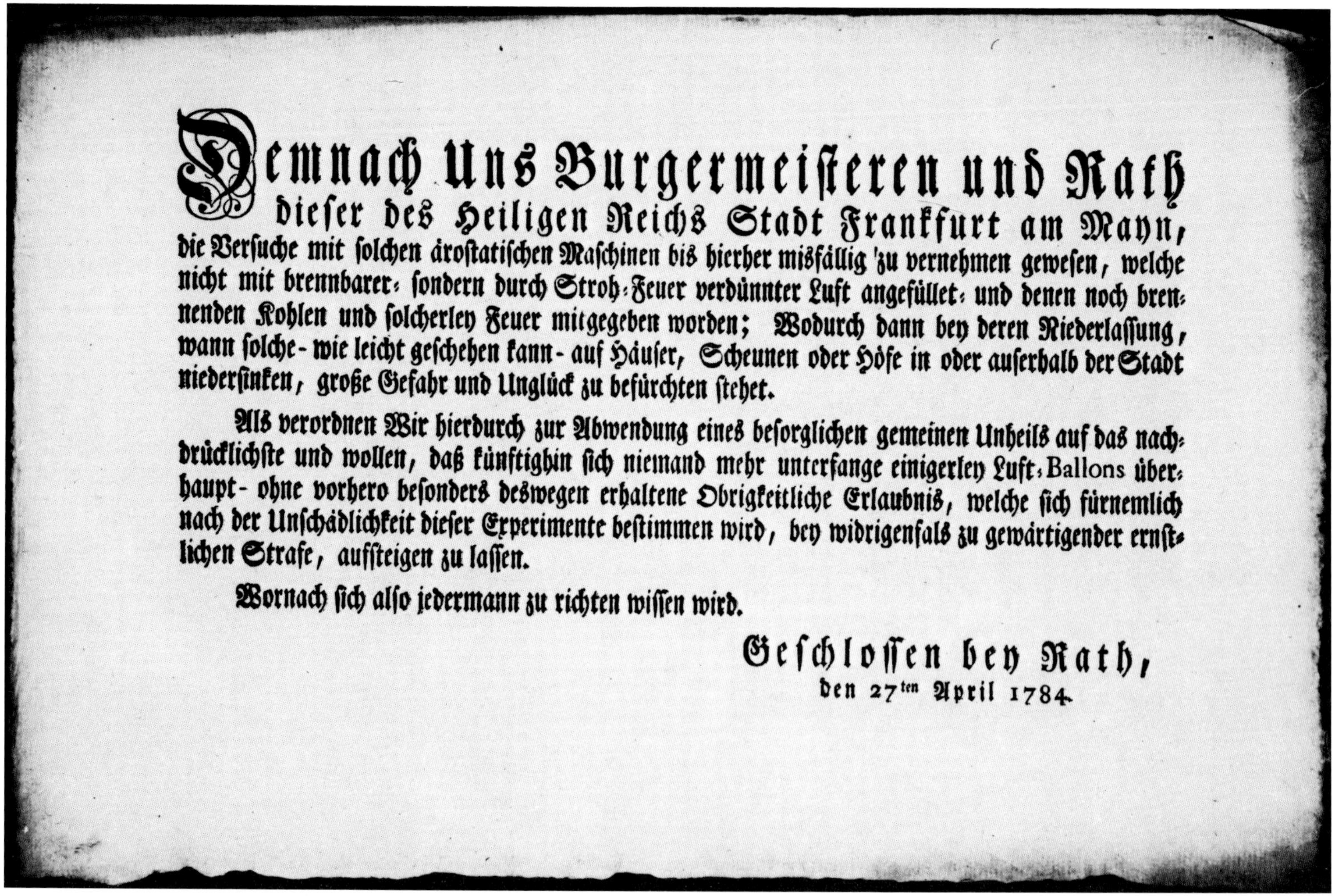

Demnach Uns Burgermeisteren und Rath dieser des Heiligen Reichs Stadt Frankfurt am Mayn, die Versuche mit solchen ärostatischen Maschinen bis hierher misfällig zu vernehmen gewesen, welche nicht mit brennbarer: sondern durch Stroh-Feuer verdünnter Luft angefüllet: und denen noch brennenden Kohlen und solcherley Feuer mitgegeben worden; Wodurch dann bey deren Niederlassung, wann solche- wie leicht geschehen kann- auf Häuser, Scheunen oder Höfe in oder auserhalb der Stadt niedersinken, große Gefahr und Unglück zu befürchten stehet.

Als verordnen Wir hierdurch zur Abwendung eines besorglichen gemeinen Unheils auf das nachdrücklichste und wollen, daß künftighin sich niemand mehr unterfange einigerley Luft-Ballons überhaupt- ohne vorhero besonders deswegen erhaltene Obrigkeitliche Erlaubnis, welche sich fürnemlich nach der Unschädlichkeit dieser Experimente bestimmen wird, bey widrigenfals zu gewärtigender ernstlichen Strafe, aufsteigen zu lassen.

Wornach sich also jedermann zu richten wissen wird.

Geschlossen bey Rath,
den 27ten April 1784.

1784 Apr. 27: Ratsverordnung gegen die Benutzung von Heißluftballons.

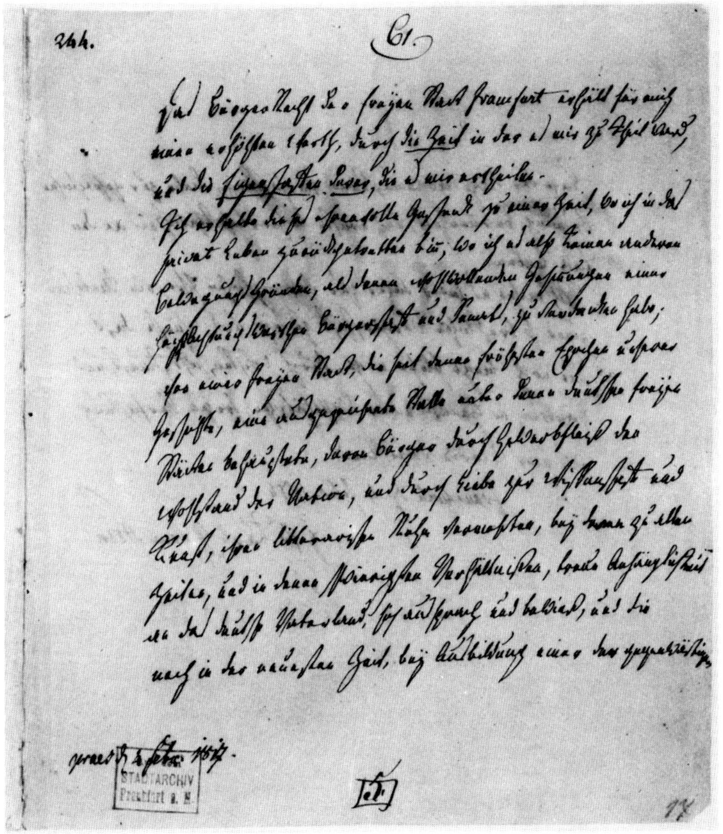

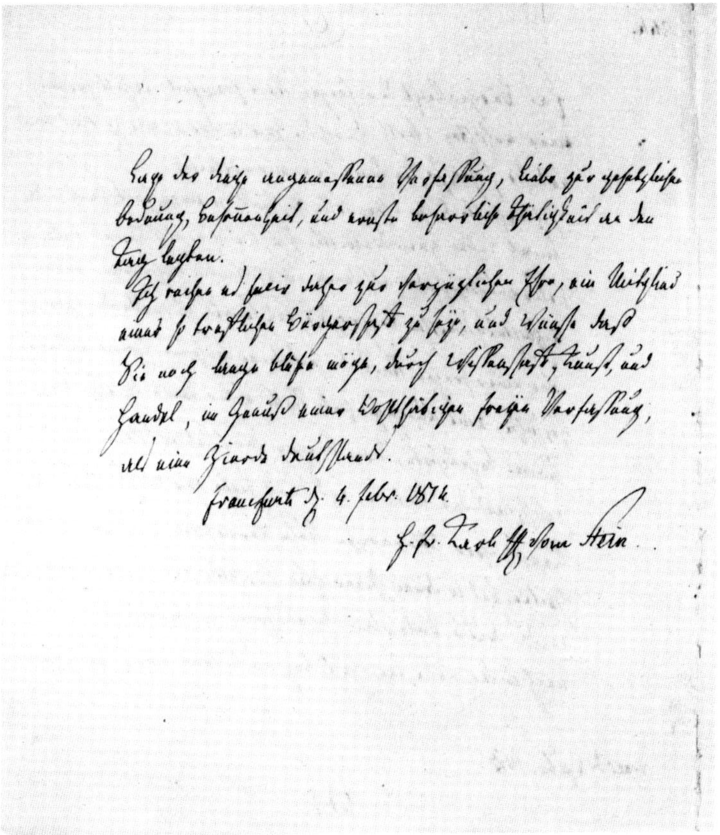

1817 Feb. 4: Karl FREIHERR VOM STEIN dankt dem Senat für das verliehene Ehrenbücherrecht. Sen. Suppl. 91 Nr. 46 f. 17-17'.

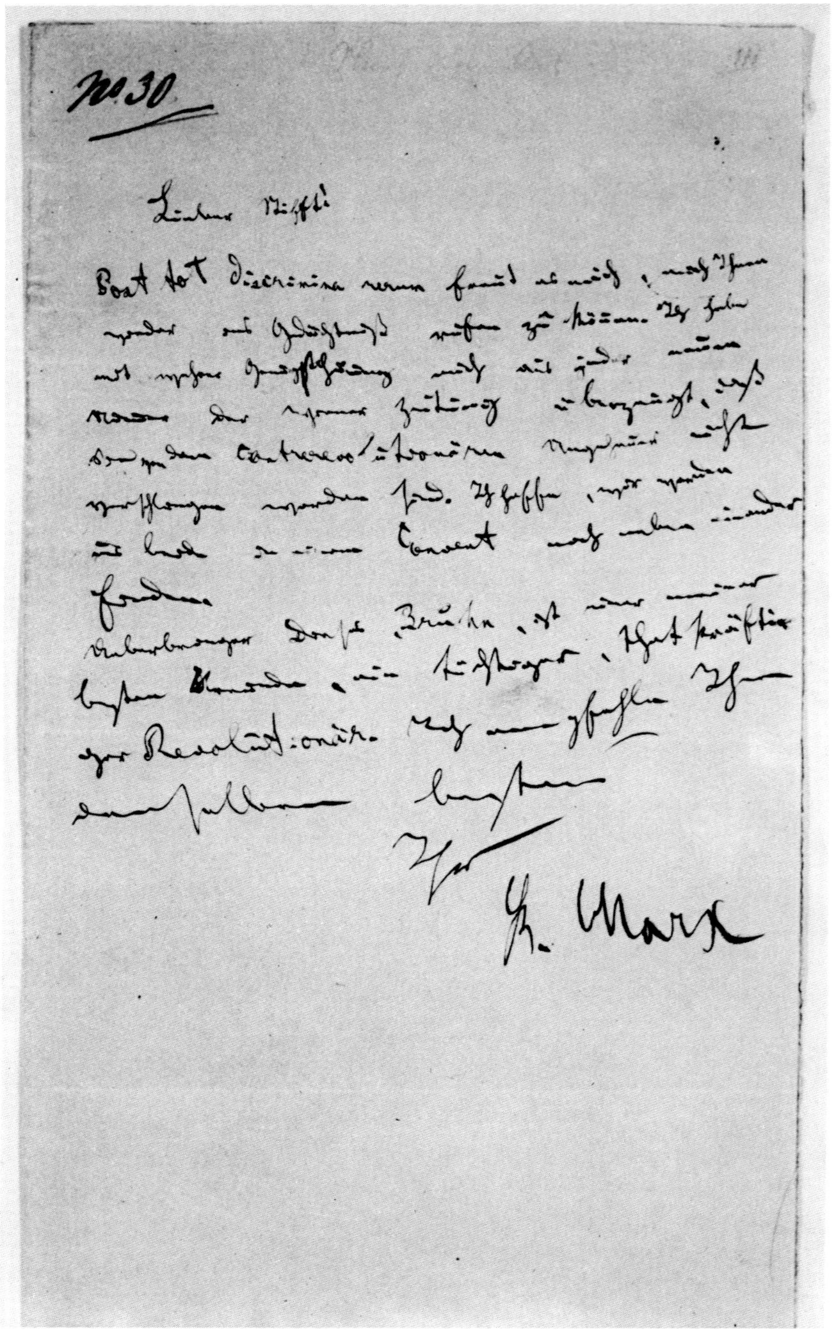

No. 30.

Lieber Stifft!

K. Marx

[1848]: Karl MARX an STIFFT. Criminalia
1848 Spec. A II 11 (Bruhn) ad 24 Nº 30.

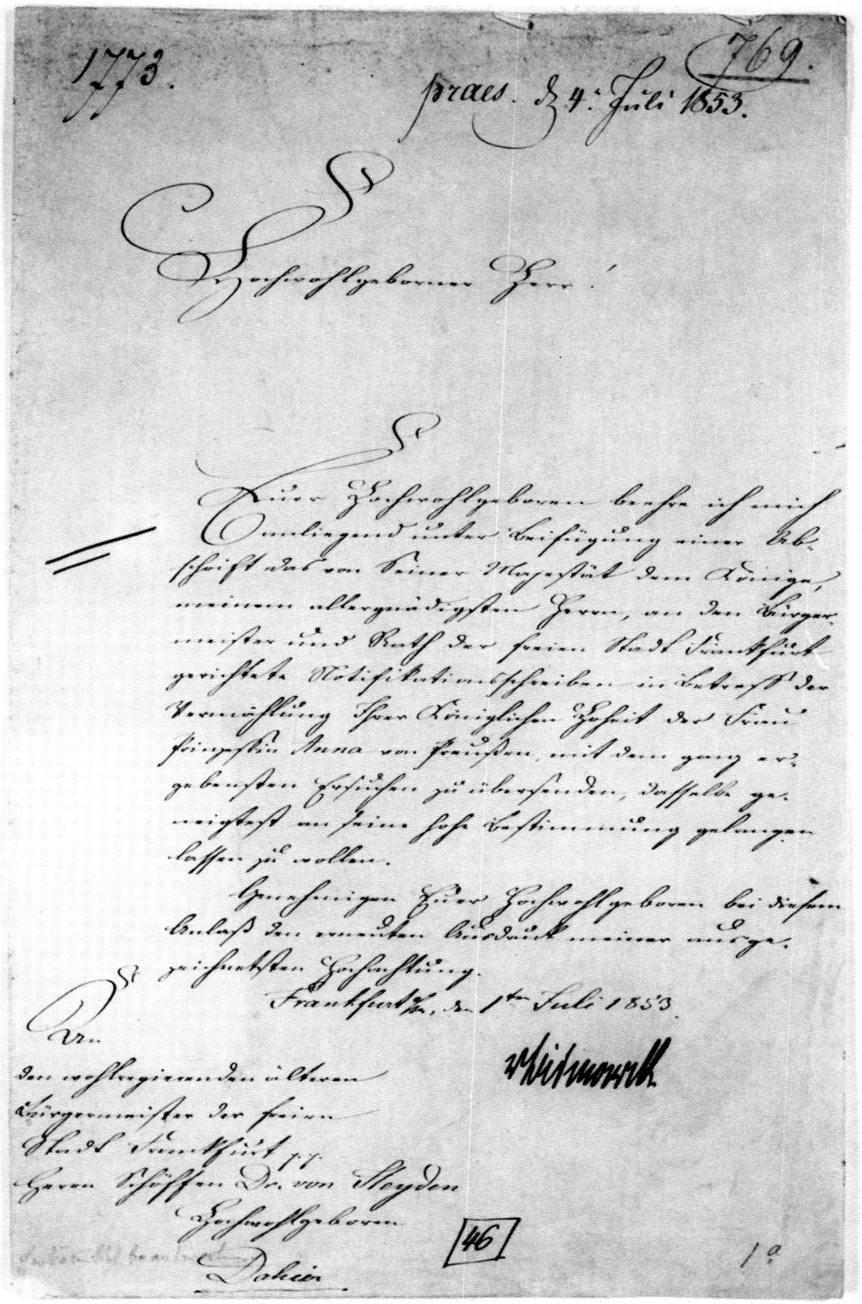

1773. praes. d. 4. Juli 1853. 769.

Hochwohlgeborner Herr!

Euer Hochwohlgeboren beehre ich mich anliegend unter Beifügung einer Abschrift das von Seiner Majestät dem Könige, meinem allergnädigsten Herrn, an den Bürgermeister und Rath der freien Stadt Frankfurt gerichtete Notifikationsschreiben in Betreff der Vermählung Ihrer Königlichen Hoheit der Prinzessin Anna von Preußen, mit dem ganz ergebensten Ersuchen zu übersenden, dasselbe geneigtest an seine hohe Bestimmung gelangen lassen zu wollen.

Genehmigen Euer Hochwohlgeboren bei diesem Anlaß den erneuten Ausdruck meiner ausgezeichnetsten Hochachtung.

Frankfurt a/M., den 1ten Juli 1853.

v. Bismarck

An den wohlregierenden älteren Bürgermeister der freien Stadt Frankfurt pp. Herrn Schöffen Dr. von Heyden Hochwohlgeboren Dahier

46 1a

1853 Juli 4: Otto VON BISMARCK, preußischer Bundestagsgesandter, an den Senat der Freien Stadt Frankfurt. Senatsakten M 42 Nr. 31 f. 1 a.

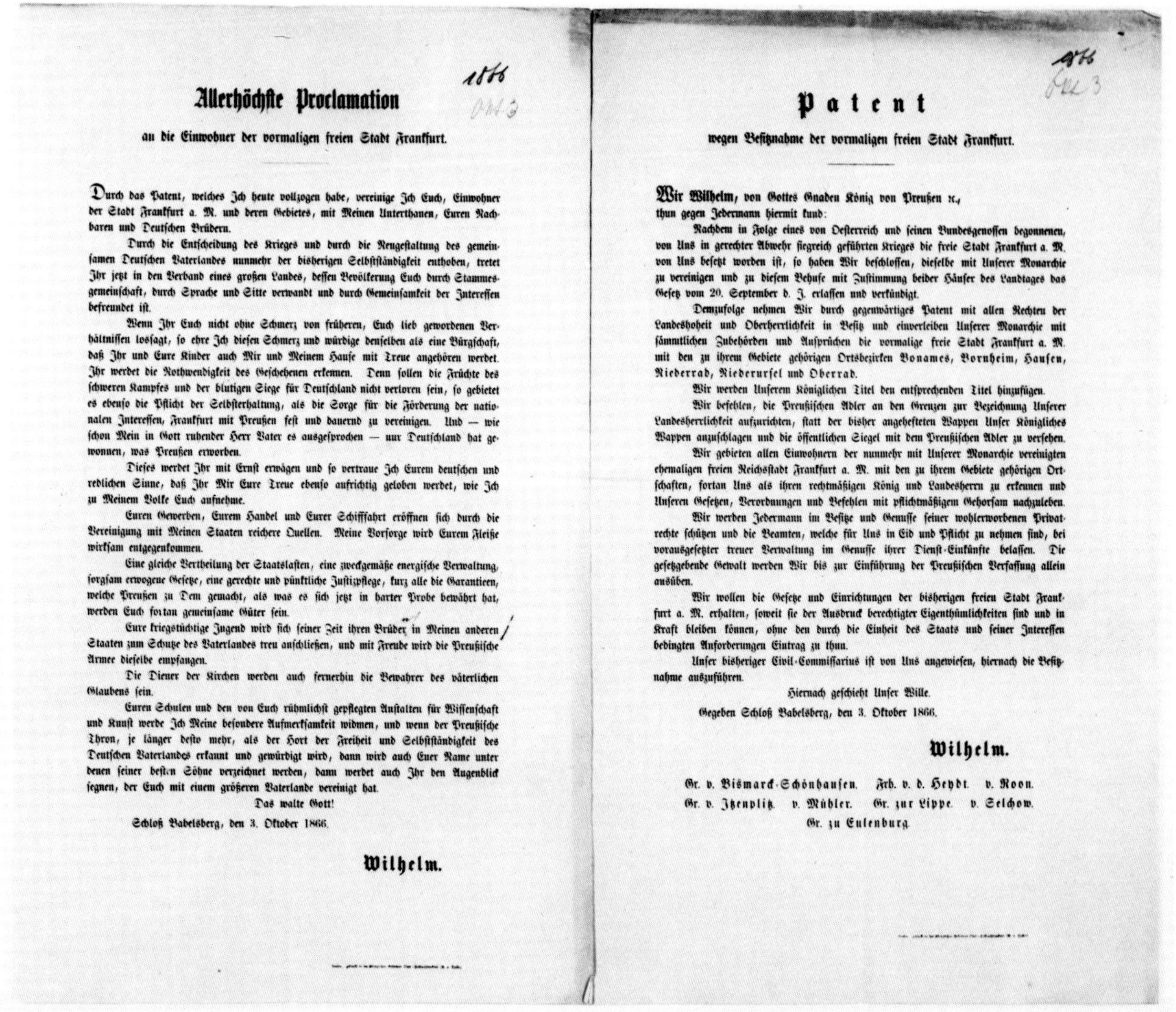

Allerhöchste Proclamation

an die Einwohner der vormaligen freien Stadt Frankfurt.

Durch das Patent, welches Ich heute vollzogen habe, vereinige Ich Euch, Einwohner der Stadt Frankfurt a. M. und deren Gebietes, mit Meinen Unterthanen, Euren Nachbaren und Deutschen Brüdern.

Durch die Entscheidung des Krieges und durch die Neugestaltung des gemeinsamen Deutschen Vaterlandes nunmehr der bisherigen Selbstständigkeit enthoben, tretet Ihr jetzt in den Verband eines großen Landes, dessen Bevölkerung Euch durch Stammesgemeinschaft, durch Sprache und Sitte verwandt und durch Gemeinsamkeit der Interessen befreundet ist.

Wenn Ihr Euch nicht ohne Schmerz von früheren, Euch lieb gewordenen Verhältnissen lossagt, so ehre Ich diesen Schmerz und würdige denselben als eine Bürgschaft, daß Ihr und Eure Kinder auch Mir und Meinem Hause mit Treue angehören werdet. Ihr werdet die Nothwendigkeit des Geschehenen erkennen. Denn sollen die Früchte des schweren Kampfes und der blutigen Siege für Deutschland nicht verloren sein, so gebietet es ebenso die Pflicht der Selbsterhaltung, als die Sorge für die Förderung der nationalen Interessen, Frankfurt mit Preußen fest und dauernd zu vereinigen. Und — wie schon Mein in Gott ruhender Herr Vater es ausgesprochen — nur Deutschland hat gewonnen, was Preußen erworben.

Dieses werdet Ihr mit Ernst erwägen und so vertraue Ich Eurem deutschen und redlichen Sinne, daß Ihr Mir Eure Treue ebenso aufrichtig geloben werdet, wie Ich zu Meinem Volke Euch aufnehme.

Euren Gewerben, Eurem Handel und Eurer Schifffahrt eröffnen sich durch die Vereinigung mit Meinen Staaten reichere Quellen. Meine Vorsorge wird Eurem Fleiße wirksam entgegenkommen.

Eine gleiche Vertheilung der Staatslasten, eine zweckgemäße energische Verwaltung, sorgsam erwogene Gesetze, eine gerechte und pünktliche Justizpflege, kurz alle die Garantieen, welche Preußen zu Dem gemacht, als was es sich jetzt in harter Probe bewährt hat, werden Euch fortan gemeinsame Güter sein.

Eure kriegstüchtige Jugend wird sich seiner Zeit ihren Brüder in Meinen anderen Staaten zum Schutze des Vaterlandes treu anschließen, und mit Freude wird die Preußische Armee dieselbe empfangen.

Die Diener der Kirchen werden auch fernerhin die Bewahrer des väterlichen Glaubens sein.

Euren Schulen und den von Euch rühmlichst gepflegten Anstalten für Wissenschaft und Kunst werde Ich Meine besondere Aufmerksamkeit widmen, und wenn der Preußische Thron, je länger desto mehr, als der Hort der Freiheit und Selbstständigkeit des Deutschen Vaterlandes erkannt und gewürdigt wird, dann wird auch Euer Name unter denen seiner besten Söhne verzeichnet werden, dann werdet auch Ihr den Augenblick segnen, der Euch mit einem größeren Vaterlande vereinigt hat.

Das walte Gott!

Schloß Babelsberg, den 3. Oktober 1866.

Wilhelm.

Patent

wegen Besitznahme der vormaligen freien Stadt Frankfurt.

Wir Wilhelm, von Gottes Gnaden König von Preußen 2c.,
thun gegen Jedermann hiermit kund:

Nachdem in Folge eines von Oesterreich und seinen Bundesgenossen begonnenen, von Uns in gerechter Abwehr siegreich geführten Krieges die freie Stadt Frankfurt a. M. von Uns besetzt worden ist, so haben Wir beschlossen, dieselbe mit Unserer Monarchie zu vereinigen und zu diesem Behufe mit Zustimmung beider Häuser des Landtages das Gesetz vom 20. September d. J. erlassen und verkündigt.

Demzufolge nehmen Wir durch gegenwärtiges Patent mit allen Rechten der Landeshoheit und Oberherrlichkeit in Besitz und einverleiben Unserer Monarchie mit sämmtlichen Zubehörden und Ansprüchen die vormalige freie Stadt Frankfurt a. M. mit den zu ihrem Gebiete gehörigen Ortsbezirken Bonames, Bornheim, Hausen, Niederrad, Niederursel und Oberrad.

Wir werden Unserem Königlichen Titel den entsprechenden Titel hinzufügen.

Wir befehlen, die Preußischen Adler an den Grenzen zur Bezeichnung Unserer Landesherrlichkeit aufzurichten, statt der bisher angehefteten Wappen Unser Königliches Wappen anzuschlagen und die öffentlichen Siegel mit dem Preußischen Adler zu versehen.

Wir gebieten allen Einwohnern der nunmehr mit Unserer Monarchie vereinigten ehemaligen freien Reichsstadt Frankfurt a. M. mit den zu ihrem Gebiete gehörigen Ortschaften, fortan Uns als ihren rechtmäßigen König und Landesherrn zu erkennen und Unseren Gesetzen, Verordnungen und Befehlen mit pflichtmäßigem Gehorsam nachzuleben.

Wir werden Jedermann im Besitze und Genusse seiner wohlerworbenen Privatrechte schützen und die Beamten, welche für Uns in Eid und Pflicht zu nehmen sind, bei vorausgesetzter treuer Verwaltung im Genusse ihrer Dienst-Einkünfte belassen. Die gesetzgebende Gewalt werden Wir bis zur Einführung der Preußischen Verfassung allein ausüben.

Wir wollen die Gesetze und Einrichtungen der bisherigen freien Stadt Frankfurt a. M. erhalten, soweit sie der Ausdruck berechtigter Eigenthümlichkeiten sind und in Kraft bleiben können, ohne den durch die Einheit des Staats und seiner Interessen bedingten Anforderungen Eintrag zu thun.

Unser bisheriger Civil-Commissarius ist von Uns angewiesen, hiernach die Besitznahme auszuführen.

Hiernach geschieht Unser Wille.

Gegeben Schloß Babelsberg, den 3. Oktober 1866.

Wilhelm.

Gr. v. Bismarck-Schönhausen. Frh. v. d. Heydt. v. Roon.
Gr. v. Itzenplitz. v. Mühler. Gr. zur Lippe. v. Selchow.
Gr. zu Eulenburg.

1866 Okt. 3: Annexion Frankfurts durch Preußen. Ratsverordnungen.

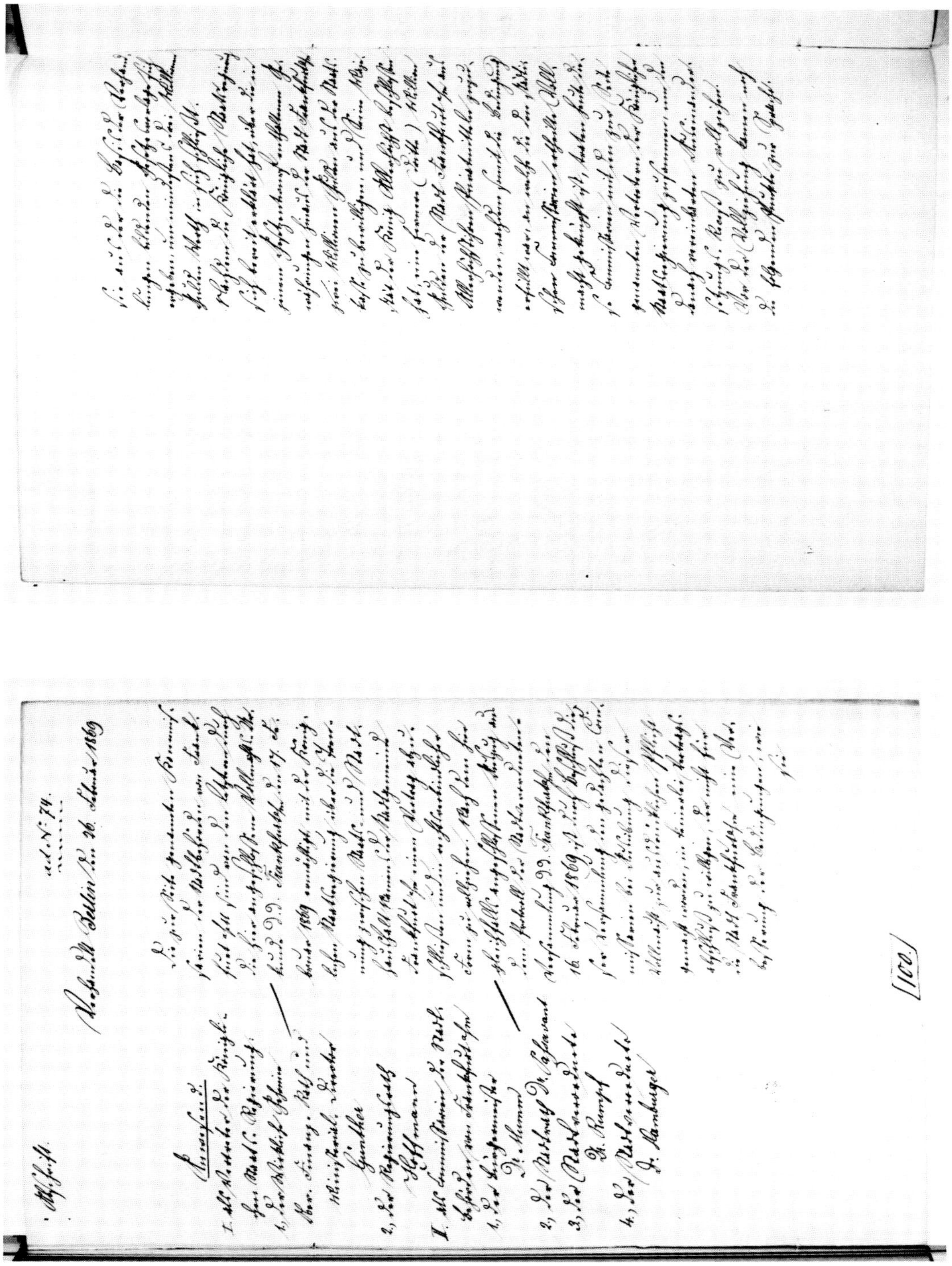

1869 Feb. 26: Vereinbarung zwischen der Preußischen Regierung und der Stadt Frankfurt über die Interpretation des Auseinandersetzungsrezesses, die u.a. das Recht Frankfurts an den Archivalien des Stadtarchivs sicherte (S. 94). Stadtverordnetenversammlung 1964 Vorg. 100.

I.

Man ist beiderseits darüber einverstanden, daß weitere als die im Artikel 1 des Rezesses unter No. I bis VII aufgeführten Militärgrundstücke und Gebäude auf Grund des im Eingang des Artikel 1 ausgesprochenen Grundsatzes als Staatseigenthum nicht in Anspruch zu nehmen sind, sowie auch darüber, daß die Lagerung von Privat-Pulver-Vorräthen in dem Militär-Pulver-Magazine in bisheriger Weise auch ferner gestattet werden wird.

II.

Zu Artikel 11 des Rezesses wurde von den Vertretern der Königlichen Staatsregierung auf diesfällige Anfrage der städtischen Commissarien die Erläuterung gegeben, daß jener Bestimmung nur die Absicht zum Grunde liege, dem Staat als Rechtsnachfolger des Staates Frankfurt das Eigenthum an den Urkunden der Verträge zu sichern, welche den

früheren

früheren Staat Frankfurt angehen, und welche derselbe geschlossen hat, sowie an den Rechts- und Besitztiteln der auf Preußen übergegangenen Hoheitsrechte und Besitzthümer des früheren Staates Frankfurt, endlich an allen für die Führung der Staatsverwaltung erforderlichen Urkunden und Akten, daß dagegen nicht die Absicht sei, die Urkunden des Mittelalters und die, die Aufgaben des Staates und die Erfordernisse und Interessen der Staatsverwaltung nicht berührenden Archivalien der Stadt Frankfurt zu entziehen.

Anderen Theils wurde von den städtischen Commissarien die Erklärung abgegeben, daß das Stadtarchiv von Frankfurt stets zur Benutzung für historische Zwecke, sowie den Behörden und Beamten des Staates für amtliche Zwecke stets zugänglich sein wird.

III.

6.1. Teil I: Historisches Archiv bis 1868

Archive der Reichs- und Freien Stadt Frankfurt am Main 1219-1868, kirchliche Archive 882-1802.

I ENTSTEHUNG, RECHT, VERFASSUNG

A **Privilegien und Verträge**

Privilegien 1219-1805, Inventare 3, Jung S. 1-22

Privilegien Ugb (A 78-82, Privilegienbestätigungen) 13. - 19. Jh., Rep. 7, Inventare 3, Jung S. 1-22

Verträge der Freien Stadt Frankfurt am Main und andere hervorragende Urkunden 1814-1866, Rep. 332

B **Gesetze, Edikte, Rollen und Verordnungen**

I Gesetzbücher 1352-1805, Jung S. 23-26

II Edikte ca. 1300-1812, Jung S. 26-29

III Rollen und Verordnungen, Jung S. 29-30

1 Ratsverordnungen 1500-1902, K

2 Geschriebene Rollen und Ordnungen 1329-1806

3 Gedruckte Ordnungen und Bekanntmachungen 1500-1810

E **Kommission der Dreizehn** (1816)

II RAT UND SENAT, SCHÖFFEN UND BEAMTE

A **Protokolle des Rates und Senates**

1 Bürgermeisterbücher 1436-1625, 1627, 1629-1810

2 Ratsprotokolle 1542-1688, mit Index, der auch für die Bürgermeisterbücher zu benutzen ist, die erst ab 1689 ein eigenes Register haben.

3 Ratschlagungsprotokolle 1496-1688, 1690-1735, 1785-1786

o.S. Extrakte aus den Rats- und anderen Protokollen 1428 - ca. 1640

o.S. Extrakte aus den Rechen- und anderen Ratsbüchern 1341-1810, thematisch geordnet

o.S. Miscellanea 18. Jh., Exzerpte aus städtischen Akten

II A 4 Senatsprotokolle

- a Senat 1813-1816
- b Engerer Rat 1816-1856
- c Großer Rat 1816-1856
- d Senat 1857-1868

5 Senatsdeputationsprotokolle 1814-1866

B Ratsangelegenheiten und Verwaltung im Allgemeinen

1/2 Ratswahlen und Ämterbestellungen (1193)-1866, Rep. 584

3 a Ratssachen, vor 1806, Rep. 115

4 Ratssupplikationen ca. 1370-1809/vor 1600-1809, Supplikationen bei der großherzoglichen Präfektur 1810-1813, Rep. 559, K (unvollständig!), vgl. Register der Bürgermeisterbücher, Senatssupplikationen 1814-1868, Rep. 339-354

5 Bürgerbücher 1311-1868 und andere Einwohnerverzeichnisse 1387-1866

7 Konzeptbücher 1533-1540

8 Vertragbuch 1524-1565

9 Botenbücher 1381-1550

10 Varia 1743-1810

C Stadtkanzlei, -bibliothek

1 a b Stadtkanzlei 1350-1813, (Provenienzvermischung!), Rep. 292

2 Akten des Rats über die Stadtbibliothek 1702-1822, Rep. 294

D Schultheiß und Schöffen

1 Schultheißenamt, Akten des Rats (Ugb A 64, C 22) 1193-1768, Rep. 7, 12

2 Protokolle des Schöffenrats 1695-1806

F Städtische Beamte

1 Ratswahlen und Ämterbestellungen (1193)-1866, Rep. 584

2 Dienstbriefe 1335-1806, Rep. 155

3 Eidbücher und Dienstanweisungen 15. - 18. Jh., Rep. 156

III BÜRGERLICHE VERTRETUNGEN

A **Neuner- und Stadtrechnungsrevisionskolleg**

2/4 Akten, Rep. 285, 286, und Bücher 1727-1900

B **Einundfünfzigerkolleg und Ständige Bürgerrepräsentation**

3 a-c Akten, Rep. 171-173, 562, und Bücher, 1725-1869, Rep. 174, Gegenschreiberbücher 1717-1871, Rep. 174

d Handakten Samuel Gottlieb FINGER, Senior der ständigen Bürgerrepräsentation, 1819-1825

Nachlaß Joh. Peter von LEONHARDI, Senior des Einundfünfzigerkollegs 1800-1810, jetzt Teil III, S 1/165

C **Achtundzwanziger** 1807-1810

D **Fünfundsiebziger** 1819-1866

E **Gesetzgebende Versammlung**

2 Protokolle und Akten 1816-1866, Rep. 169

F **Verfassunggebende Versammlung** 1848-1849, Rep. 586

IV GEHEIME DEPUTATIONEN

A **Geheime Ratsdeputation** für die Verwendung der geheimen Ausgaben

Protokolle und Jahresrechnungen 1734-1768

Belege zur geheimen Cassarechnung 1735-1786

B **Ordinäre Ratschlagung** und geheime Ratsdeputationen

Akten 1706-1786, Jung S. 52 ff.

V AUSWÄRTIGE POLITIK

A **Kopialbücher** 1228 - 18. Jh., Inventare 3

B **Reichssachen**

1 Reichssachen I 1330-1499, Inventare 1

2 Reichssachen-Nachträge 1330-1499, Inventare 2

3 Reichssachen-Urkunden 1170-1634, Inventare 2 (bis 1499)

4 Reichssachen II 1500-1789, Rep. 129, 130

5 Reichssachen III 1500-1806, Rep. 131-134

V C **Reichstagsakten** 1397-1806, Inventare 3, Rep. 121, Jung S. 56 f.

E **Kaiserschreiben** 1320-1640, Inventare 3

F **Rachtungen**, Urfehden, Verbund- und Verzichtbriefe 1328-1602, Inventare 2, Rep. 137

G **Acht** und **Aberacht** 1365-1524, Inventare 4

H **Reichssteuer** (Ugb A 47, 50) 1336-1791, Rep. 6

I Friedberger **Reichssteuer/**Pfandschaft auf Friedberg 1349-1647

K **Bürgschaften** für Friedberg 1439-1465 und **Mainz** 1438-1451

L Frankensteinische **Lehenurkunden** 1251-1812

M **Beziehungen** zu auswärtigen Gerichten

1 Kaiserliches und königliches Hofgericht 1361-1499

2 Reichskammergericht, Prozeßakten 1495-1806, Rep. 266, 267

3 Hofgericht Rottweil (Ugb A 2) 1361-1655, Rep. 6

4 Freigericht Kaichen 1382-1669, Rep. 140

5 Maigericht Langen und Wildbann in der Dreieich (Ugb A 62) 1338-1598, Rep. 7

6 Weltliches Gericht in Mainz (Ugb E 77) 1423-1536, Rep. 20

8 Veme, Veme-Nachträge, EHRMANNsche Vemesachen 1387-1535, Rep. 127, 139

P **Krieg** und Frieden

1 Kriegswesen 17. Jh., Bestandsrest, Rep. 144

2 Siebenjähriger Krieg 1756-1763, Bestandsrest

3 Revolutions- und Befreiungskriege 1789-1799, Bestandsrest, Rep. 143

Q **Requisitionen** und **Vorschreiben** 1500-1802, Rep. 356

R **Verhältnis** zum Oberrheinischen **Kreis**

1 Akten des Rats (Mgb D 31-32) 1541-1607, Rep. 45

2 Münzprobationshandlungen und Abschiede, auch des Kurrheinischen und Niederländisch-Westfälischen Kreises 1557-1620

3 Akten, Bücher, Rechnungen und Drucksachen 1554-1806, Rep. 145

4 Kreisakten, Dictata und Protokolle 1681-1779, Rep. 145

5 Nachlaß Johann Benjamin LEHNEMANN, 1752-1779, Rep. 145

V S **Nachbarliche Beziehungen zu den Reichsständen der Umgebung**

1 Hanau 1536-1788, Rep. 147

2 Hessen 1561-1668, Rep. 147

3 Isenburg 1500-1770, Rep. 147

4 Mainz 1572-1793, Rep. 147

5 Solms-Rödelheim ca. 1500-1802, Rep. 147

V **Räte und Residenten** 1652-1806, Rep. 141, 552

W **Dedikationen und Invitationen** 1595-1779, Rep. 443

X **Gratulations- und Kondolenzschreiben** (Ugb D 13) 1652-1802, Rep. 14

Y **Zeremonialbücher** 1728-1789

VI FINANZVERWALTUNG

A **Rechneiamt**

1 Akten des Rats (Ugb A 12, 16, 22; B 2, 46, 51-53, 79, 90, 100; D 100) vor 1650-1815, Rep. 6, 8-11, 17, 30

2 Rechneiamtsakten vor 1816, ca. 1700-1816, Rep. 83

4 Rechneiamtsakten nach 1816, 1816-1887, Rep. 85

6 Protokolle 1564-1879

8-12 Verschiedene Amtsbücher 1341-1921, Rep. 84
Dabei: Rechenbuch 1428

o.S. Generalstatus exigentiae 1821-1881

Status exigentiae 1833-1869

Vergleichende Übersichten der Ämter und Behörden 1832-1881

B **Depositen**

1 Deposita (Ugb C 1-3) 1410-1727, Rep. 12

2 Deposita o.B. ca. 1400-1699, Bestandsrest

C **Münzwesen**

1 Ratsakten 1350-1499, Bestandsrest, Inventare 4

o.S. Nachlaß F.J. CLEYNMANN, vor 1827

D **Ausruf bei Vergantungen**

1-8 Bücher 1731-1879, ungeordnet, Jung S. 84

VI E **Rentenamt**

1 Akten des Rats ca. 1400-1813, Rep. 88, 89

2 Ungeld und andere Gefälle o.B. 1331-1742

3 Akten des Rentenamts 1581-1794, Jung S. 85

4 Protokolle 1773-1810 und andere Bücher 1610-1832

6 Akten des Rentenamts 1816-1832, Rep. 91

F **Schatzungsamt**

1/2 Akten des Rates (Ugb A 14, 26; B 45, 47, 57, 78, 88, 92, 94, 101) 14. Jh. - 1826, Rep. 6, 9-11, 31

3 Bücher des Amts 1354, 1475-1477, 1484, 1497, 18. - 19. Jh., Bestandsrest, Jung S. 86-88
Dabei: Reste einiger Bedebücher

G **Inquisitionsamt** (Ugb B 76) ca. 1600-1727, Rep. 10

H **Rechnungskommission**

1 Akten des Rats (Ugb E 29-31) 1797-1813, Rep. 18

2 Bücher der Kommission 1795-1818, Jung S. 88

L **Stadtlotterie**

1 Akten des Rats (Ugb A 88, 100) 1791-1813, Rep. 7

3/5 Protokolle, Akten und Bücher der Lotterieverwaltung 1792-1876, Rep. 113

VII **VERWALTUNG DES STÄDTISCHEN GRUNDBESITZES**

A **Kornamt**

3 Bücher 1539-1825, Jung S. 91 f.

B **Administrationsamt der Geistlichen Güter**

2 Protokolle 1802-1820 und andere Bücher 1802-1821, Jung S. 92 f.

C **Stadtkämmerei**

2 Protokoll 1849, Bücher 1730-1840, Bestandsrest, Rep. 110

D **Städtische Gelände, Gülten und Zehnten in den Dörfern der Umgebung** (Mgb E 59) 1346-1749, Rep. 46

IX ÖFFENTLICHE SICHERHEIT UND WOHLFAHRT

C Buchdruck und Zensur

1 Akten des Rates 1512-1700, Bestandsrest, Rep. 142

H Sanitätsamt

1 Akten des Rats (Medicinalia Bd. 1-28, Ugb D 50-54) ca. 1430-1813, Rep. 16, 598

Akten über Nachrichter und Wasenmeister 1543-1803

4 Medicinalia o.B. ca. 1400-1810

o.S. Akten des Collegium Chirurgorum 18. - 19. Jh.

X MILITÄRWESEN

A Kriegszeugamt

4 Bücher 1557-1806, Rep. 100

7 Akten und Bücher des Kriegszeugamts 1816-1866, Rep. 100

XI VERKEHR, HANDEL, GEWERBE

D Zollwesen

10 b Deutscher Zollverein, Konferenzprotokolle und Verträge 1833-1858, nur Drucke

E Handel

1 Akten des Rats (Ugb A 59, 81; B 16, 38, 39, 66, 67; C 26, 38; D 10) 1415-1806, Rep. 7-10, 12, 14

6 Handelssachen o.B. 16. - 19. Jh.

9 Jüdische Handlungsbücher ca. 1633-1673, Nachlaß Löb Götz HAAS 1745-1808, jetzt Teil III, S 1/256 Nachlässe, private Geschäftsbücher und Akten von Kaufleuten ca. 1500-1800

12 Den Handel betr. Materialsammlung des Schöffen F.J. CLEYNMANN, vor 1827, jetzt Teil III, S 1/255 Nachlässe

XI L **Messe, Geleit, fremde Jahrmärkte**

1 Akten des Rates über die Messen (Ugb A 60, 66-68) 1387-1800, Rep. 7

2 Meßsachen o.B. 1399-1802

3 Fremde Jahrmärkte 1505-1711

5 Geleitssachen 1350-1806

M **Handwerker**

1 Akten des Rates ca. 1377-1806, Rep. 157-158, 160-167

Akten der Zünfte ca. 1362 - ca. 1806, Jung S. 123 f.

Handwerker o.B. 15. - 19. Jh.

Handwerkerbücher des Rats und der Zünfte 1355-1928, Rep. 159, 539

o.S. Akten des Handwerkerkongresses 1848

XII **KIRCHEN- UND SCHULWESEN**

A **St. Bartholomäusstift**

1 a Urkunden und Akten des Stifts 874-1807, Rep. 175-183

b Bücher des Stifts ca. 1267/8-1802, Rep. 184

2 Urkunden und Akten des Rats 1282-1812, Rep. 182, 183

o.S. Bücher des Rats 882 - ca. 1791, Rep. 527

B **St. Leonhardsstift**

a Urkunden und Akten des Stifts und des Rates 1132-1796, (Provenienzvermischung!), Rep. 189, 190, 192

b Bücher des Stifts und des Rates ca. 1350 - ca. 1800, (wie a!), Rep. 191

C **Liebfrauenstift**

1 a Urkunden und Akten des Stifts 1300-1801, Rep. 185, 186

b Bücher des Stifts ca. 1301 - ca. 1800, Rep. 187

2 Urkunden und Akten des Rates 1366-1796, Rep. 188

D **Barfüßerkloster**

a Urkunden und Akten des Klosters und des Rates 1380-1629, Rep. 193

b Bücher des Klosters 1487-1528

E **Dominikanerkloster**

1 a Urkunden und Akten des Klosters 1229-1779, Rep. 200, 201

b Bücher des Klosters 15. - 18. Jh., Rep. 202

2 Urkunden und Akten des Rates 1401-1802, Rep. 200, 201

XII F **Karmeliter**

Karmeliterkloster Frankfurt

1 a Urkunden und Akten 1281-1814, Rep. 194

b Bücher 15. - 18. Jh., Rep. 199

2 Urkunden und Akten des Rats (Mgb C 16) 1481-1802, Rep. 43

Niederdeutsche Provinz des Karmeliterordens

1 a Urkunden und Akten 1256-1772, Rep. 195-198

b Bücher 14. - 18. Jh., Rep. 199

2 Einzelstücke aus Archiven auswärtiger Karmeliterklöster (Speyer, Hirschhorn, Mainz, Worms, Belgien, Niederlande), Rep. 198, heute bei Fremde Archivalien, Rep. 298

G **Antoniterhof**

1 Urkunden 1287/1613

H **Deutschordenskommende**

1 Urkunden 1221-1739, Rep. 207

4 Urkunden des Rats 1320-1845, Rep. 214

Buch 1836-1840, Rep. 214

I **Johanniterkommende**

1 Urkunden der Kommende 1278-1786, Rep. 205

Urkunden des Rats 1397-1813, Rep. 205

2 Bücher der Kommende Frankfurt 16. - 19. Jh., Rep. 206

3 Akten und Bücher der Ordensregierung in Heitersheim 17. - 19. Jh.

o.S. Urkunden der Kommende Niederweisel 1306-1637

K **Rosenberger Einung**

1/2 Urkunden und Akten der Einung 1345-1790 und des Rates 1480-1806, (Provenienzvermischung!), Rep. 203

L **Beginen und Beckarden**

Urkunden des Rates (Ugb C 23) 1377-1532, Rep. 12

XII M **Besitzungen auswärtiger geistlicher Genossenschaften in Frankfurt am Main**

1 a Arnsburger Hof, Urkunden und Akten des Rats (nur Mgb C 30 Nr. 8) 1223-1718, Bestandsrest, Rep. 43

2 Hainer Hof, Akten des Rats (nur Mgb A 40) 1217-1558, Bestandsrest, Rep. 40

5 Ilbenstädter Hof, Urkunden des Rats (Mgb D 16) 1427 - ca. 1500, Rep. 44

6 Schönauer Hof, Urkunden des Rats (Mgb B 5) 1304-1467, Rep. 42, Aschaffenburger Hof, Urkunden des Rats (Mgb B 5) 1337-1704, Rep. 42

N **Kirchen und Kapellen**

1 St. Peters- und Dreikönigskapelle, Urkunden und Akten des Rats (Ugb C 7) 1403-1799, Rep. 12, 21
Darin: Verhandlungen des Rats über die Reform der Pfarrseelsorge 15. Jh.

Johann Comenz'sche Stiftung, Urkunden und Akten des Rats (Mgb C 13) 1478-1747, Rep. 21, 43

2 St. Nikolaikapelle, Almosen zu St. Nikolai, Urkunden und Akten des Rats (Ugb C 5) 14. - 17. Jh., Rep. 12

3 Allerheiligenkapelle, Urkunden und Akten 1366-1721

4 Brückenkapelle St. Katharina, Urkunden 1343-1490

5 Maternkapelle, Urkunden und Akten 1454-1552

O **Stadt und Katholisches Kirchenwesen**

1 Akten des Rats:
Verträge betr. die Gemeine Pfaffheit (Ugb E 83) 1395-1467, Bestandsrest, Rep. 20, 546 (in Bearbeitung)

Ablösung der ewigen Zinsen der Geistlichkeit (Ugb E 57, 58) 1528-1580, Bestandsrest, Rep. 19, 546 (in Bearbeitung)

Q **Katholische Kirchen- und Schulkommission**

Proklamations- und Kopulationsgesuche von Katholiken 1818-1851, Bestandsrest, Rep. 306

R **Gemischte Kirchen- und Schulkommission**

1 Proklamationsprotokolle mit Beilagen 1819-1851, Bestandsrest, Rep. 307

S **Stadt und evangelisches Kirchenwesen**

1 Acta ecclesiastica des Rats 1522-1560, nur 2 beschädigte Abschriftenbände, Rep. 231

VII T **Konsistorien**

2 Lutherisches Konsistorium

a Protokolle 1743-1748, 1757-1759, 1780, Bestandsrest

b Proklamationsprotokolle mit Beilagen 1750-1851

4 b Evangelisch-Reformiertes Konsistorium

Beilagen zum Proklamationsprotokoll 1820-1851

Akten 1819-1872, Rep. 65

W **Witwen- und Waisenkasse der lutherischen Volksschullehrer**

Catalogus Ludimoderatorum Theutonicorum 1573-1730

X **Kirchen- und Standesbuchführung**, Rep. 587

1 Taufbücher 1533-1850

2 Heiratsbücher 1533-1848

3 Totenbücher 1565-1850

4 Sachsenhausen:

Taufbücher 1703-1734, 1738-1833
Beerdigungsregister 1735-1833

5 Standesregister der Landgemeinden:

Niederrad, Evangelische Gemeinde 1857-1867
Niederursel, Evangelische Gemeinde 1837-1873/74
Oberrad, Evangelische Gemeinde 1811-1813

Landaufgebotsbelege 1851-1866

6 Zertifikate über auswärtige Geburten, Trauungen oder Todesfälle 1811-1825

Wöchentliche Auszüge aus den Kirchenbüchern der Katholischen Gemeinde 1803-1807, 1810

Standesbücher der Jüdischen Gemeinde 1598-1717, 1808-1810

o.S. Standesbücher eingemeindeter Vororte Nr. 1-596

Niederursel, Evangelische Gemeinde:

Taufen 1837-1874, Nr. 421-458
Heiraten 1837-1873, Nr. 459-495
Todesfälle 1837-1874, Nr. 496-533

Rödelheim, Evangelische Gemeinde:

Taufen 1808-1874, Nr. 1-65
Heiraten 1808-1874, Nr. 66-130
Beerdigungen 1834-1874, Nr. 131-193

XVIII GESCHICHTLICHE HANDSCHRIFTEN

A **Chroniken** Nr. 1-405, jetzt Teil III, S 5 Chroniken

B **J.E. von Glauburg**, Bestandsrest, jetzt Teil III, A 3

II MS Glauburg de 1854 (von der Stadtbibliothek angekauft)

B Urkunden 1227-1653

C Varia 1306-1791

G **J.P. von Leonhardi**

Jetzt Teil III, S 1/165 Nachlässe

J **J.K. von Fichard**, Bestandsrest

I Frankfurter Geschlechtergeschichte (ca. 13. Jh.) - ca. 1810, Jung S. 205 ff.

II Miscellanea Z (ca. 13. Jh.) - ca. 1810, Jung S. 212 ff.

VI Epitaphien aus Frankfurter Kirchen, jetzt Epitaphienbücher Nr. 11, Rep. 545

P **G.L. Kriegk**, Bestandsrest

8/9 Verschiedene Exzerpte aus dem Frankfurter Stadtarchiv u.a., bes. SENCKENBERG und GOETHE betr., ca. 1306-1786, um 1870. Jetzt Teil III, S 6a/272-273 Manuskripte.

36 a Verzeichnis der Frankfurter Hauptleute, Stadtadvokaten, Syndiker, Stadtprokuratoren, Städtische Schreiber, Gerichtsschreiber, Oberstrichter und weltlichen Richter bis 1500. Jetzt Ratswahlen und Ämterbestellungen Nr. 72, Rep. 584

40 Register zu LERSNERs Chronik, jetzt Teil III, S 6a/73 Manuskripte

R **Ph. von Malapert**

Familienpapiere, Urkunden 18. - 19. Jh., jetzt Teil III, S 1/265

Frankfurter Genealogien (1307-1543) [vor 1852], jetzt Teil III, S 6a/42 I-IV Manuskripte

XIX EINVERLEIBTE ODER HINTERLEGTE ARCHIVALIEN NICHTSTÄDTISCHEN URSPRUNGS

B **Familie von Stalburg**, jetzt Teil III, A 3

Urkunden 1339-1677
Akten 16. - 19. Jh.
Epitaphien in Frankfurter Kirchen, jetzt Epitaphienbücher Nr. 10, Rep. 545

C **Familie von Lersner**, jetzt Teil III, A 3

Urkunden 1227-1757, Rep. 296, 529, 530
Urkunden 1577-1796, Depositum, Rep. 297

E **Hausurkunden** 14. - 19. Jh., K

I Frankfurt, Innenstadt

1 Nach Häusern mit Litera und Nummer bestimmt; besondere Abteilungen: Römer, Saalhof

2 Nach Straßen und Stadtgegenden bestimmt

3 Schirnen, Läden, Meßläden

II Frankfurt, Außenstadt und Gemarkung

1 Nach Flurbezeichnungen, Gegenden etc. bestimmt

2 Höfe

III Sachsenhausen, Innenstadt

1 Nach Häusern bestimmt

2 Nach Straßen und Stadtgegenden bestimmt

IV Sachsenhausen, Außenstadt und Gemarkung

1 Nach Flurbezeichnungen bestimmt

2 Höfe

G **Fürstlich Primatische Behörden**, Bestandsrest

o.S. Gedruckte Bekanntmachungen und Ordnungen 1806-1810, Rep. 312

H **Großherzoglich Frankfurtische Behörden**, Bestandsrest

1 Staatsverträge 1811-1814, Rep. 313

Gedruckte Bekanntmachungen und Verordnungen 1810-1813, Rep. 313

K **Fremde Archivalien** 991 - 18. Jh., Rep. 298

Nicht auf Frankfurt am Main bezügliche Einzelstücke, meist durch Zufall in den Besitz des Archivs gekommen.

NACH 1909 GEBILDETE PERTINENZBESTÄNDE

1. **Epitaphienbücher** (1238)-1928, Rep. 545

2. **Wappenbücher** (1190)-1801, Rep. 545

3. **Goethearchivalien** 1686-1881, Rep. 537

4. **Impressen** (nach 1945 neu gebildet)

   01. Deutsche Frage im 19. Jh.
   02. Dynasten
   03. Fettmilchaufstand
   04. Juden im 19. Jh.
   05. Katholiken
   06. Münzsachen 18. Jh.
   07. Münzverordnungen 1543 ff.
   08. Münzverordnungen o.B.
   09. Oberrheinischer Kreis
   10. Reichstag bis 1806
   11. Religionssachen
   12. Revolutionskrieg 1792 ff.
   13. Rheinschiffahrt
   14. Rezeß nach 1866
   15. Siebenjähriger Krieg
   16. Stadtverfassung 18./19. Jh.
   17. Stadtverwaltung nach 1866
   18. THURN UND TAXIS
   19. Zünfte

5. **Einbandfunde**, aus Beständen des Stadtarchivs und der Stadt- und Universitätsbibliothek, meist Fragmente, nach 1979 angelegte Sammlung, 1198 - ca. 1750, K

   Darin: Briefe Papst INNOZENZ III., Kalenderfragmente, Kopiar Kloster Th[eistungenberg ?], Sefer ha-Teruma, Halachot, Lat. Bibel, Hymnar, Urkunden, theologische und liturgische Handschriften, Goliardenverse, Testamente, Gerichtssachen, Johann Ludwig BACH, Kantaten.

6. **Reste verlorener Bestände**, identifiziert, nur z.T. benutzbare Brand- und sonstige Einzelstücke, nach 1979 angelegte Sammlung, Benutzungsbeschränkung, 1290-1941, K

Darin (Beständealphabet):

Acta Aschaffenburgensia	Medicinalia
Acta ecclesiastica	Mgb E 56
Acta Senatus	Papierer
Amtsgericht	Polizeiamt
Bauamt	Quartieramt
Baumeisterbücher 1435-1442, 1515	Rechnei
	Rechnei- und Rentenamt
Beratungsstelle für Familienforschung (Stadtarchiv)	Reichskammergericht
	Rochusspital
	Schmalkaldischer Krieg
Criminalia	Schulakten
Cronstettisches Damenstift	Schwanheim
Extraiudicialia	Senatsakten
Forstamt	Stadtarchiv (Beratungsstelle für Familienforschung)
Gemischte Kirchen- und Schulkommission	
Hypothekenakten	Stadtgericht
Insätze und Obligationen	Stadtkanzlei
Insatzklagen	Städtische Darlehensanstalt
Kaiserliche Kommissionen	Städtisches Gewerbeamt (Ausschaltung der Juden aus dem Wirtschaftsleben)
Konsistorium	Ugb A 9, 91
Kornamt	Ugb B 26
Kriegsdeputation	Ugb C 27
Kriegszeugamt	Ugb D 42
Kuratelamt	Ugb E 31
Landamt	Vereinigte Konsistorien

17. Jh.: Stadtansicht nach MERIAN.

Sechs vnnd viertzig Artickel: so die Gemeyn / einem ersamen Rath der löblichen Statt Franckfort (in denen sie sich beschwert erfinden) fürgehalten. Welche mit ver- willigung beder theyls / fürthien also verstreckt werden söllen.

Anno. 1525.

1525: 46 Artikel der Frankfurter Bauern.

Aut. 1598 17

HISTORICAE RELATIONIS CONTINVATIO.

Warhafftige Beschreibunge aller gedenckwürdigen Historien / so sich hin vnd wider durch Europa / als hoch vnd nider Teutschland / Auch Franckreich / Engelland / Irrland / Italien / Sicilien / Hispanien / Indien / Hungarn / Crabaten / Polen / Schweden / Sibenbürgen / Wallachey / Moldaw / Tartarey / Türckey / Natolien / Arabien vnd Morenland / etc. Hiezwischen nechst verschiener Franckfurter Fastenmeß / deß 1598. vnd etlich Monat zuvor biß auff gegenwertige Herbstmeß / dieses noch lauffenden 1598. Jahrs zugetragen vnnd verlauffen haben.

Alles zum theil auß eigener Erfahrung / zum theil auß vberschickten glaubwürdigen Schrifften / von Tag zu Tag verfasset vnd gestellet /

Durch

IACOBVM FRANCVM der Historien vnnd Warheit Liebhaber.

Sampt etlichen künstlichen Kupfferstücken / so zum Verstandt der Histori insonderheit gerichtet vnd durch Ziffern aller Geschichten erkläret.

Gedruckt zu Wallstatt im Jahr / 1598.

Messrelation 1598.

1816 Okt. 16: Eid der Frankfurter Bürgerschaft auf die Konstitutionsergänzungsakte.

1832: Karikatur auf die Unterdrückung der Meinungsfreiheit.

1833 Apr. 3: Frankfurter Wachensturm.
(Original HM C 17948).

1846: Eisenbahnunglück.

1848 Mai 18: Eröffnung der Nationalversammlung in der Paulskirche.

1848 Juli 11: Einzug des Reichsverwesers Erzherzog JOHANN VON OESTERREICH in Frankfurt.

An das deutsche Volk!

Robert Blum

ist gefallen, ein Opfer feigen Mordes!

Deutsches Volk! Bis in die entferntesten Gauen deines Landes ist der Name des Mannes gedrungen, der aus dem Arbeiterstande durch die Kraft seines Geistes sich emporgeschwungen hatte zu einem der vordersten Kämpfer für die heilige Sache der Freiheit.

Der beredte Mund, dessen Worte tief ergriffen, weil sie aus dem Herzen kamen, hat sich geschlossen; geschlossen durch eine Gewaltthat, einen Mord, begangen mit kaltem Blute, mit Beobachtung sogenannter gesetzlicher Formen.

Du weißt, deutsches Volk, was dieser gemeuchelte Held deiner jungen Freiheit für diese Freiheit gethan. Klar in Gedanken, entschieden im Wollen, entschlossen im Handeln, trug er das Banner voran in dem Kampfe, in welchem er glorreich gefallen ist.

Was er gethan während des Zeitraumes eines langen Druckes, was er gewirkt seit der Märzrevolution in dem Vorparlamente, in dem Fünfziger-Ausschusse, in der Nationalversammlung mit unauslöschlicher Schrift, ist es in Aller Herzen eingetragen.

Die Begeisterung für die Sache der deutschen Freiheit und der Auftrag seiner politischen Freunde führte ihn nach Wien. Er focht an der Spitze des Elite-Corps, dessen Führung ihm von dem Oberbefehlshaber anvertraut wurde. Als die Capitulation Wiens abgeschlossen war, legte er die Waffen, die er mit Heldenmuth geführt hatte, nieder. Vier Tage nach Beendigung des letzten Verzweiflungskampfes, an welchem er, dem gegebenen Worte treu, keinen Antheil mehr nahm, wurde er verhaftet. Man übertrat mit frechem Hohne das Gesetz, welches die Vertreter der deutschen Nation vor jeder von der Nationalversammlung nicht genehmigten Verhaftung schützen sollte; und achtete der Berufung nicht, welche er, gestützt auf dieses Gesetz, gegen seine Verhaftung einlegte.

Deutsches Volk! Deine Ehre, dein Recht trat man mit Füßen, als man deinen Vertreter gegen das Gesetz verhaftete! Deiner Freiheit hat man eine tödtliche Wunde geschlagen, als man einen deiner würdigsten Söhne mordete!

Am vierten Tage seiner Verhaftung, acht Tage nach der völligen Einnahme Wiens, am 9. November, wurde Robert Blum standrechtlich in der Brigittenau erschossen!

Nicht in der Aufwallung tobender Leidenschaft, nicht in dem Getümmel des Kampfes wurde der Mord verübt; nein! er wurde verübt von Denjenigen, welche sich Werkzeuge des Gesetzes, Hersteller der Ordnung, Begründer gesetzlicher Freiheit nennen!

Deutsches Volk! Trauern wirst du über den unersetzlichen Verlust, den du erlitten! Vergiß des Todten nicht und erinnere dich, wie er starb, für welche Sache er starb und durch wen er gemordet wurde!

Frankfurt a. M., den 16. November 1848.

Die Abgeordneten zur deutschen Reichsversammlung:

Archer aus Rein.
Bauernschmid aus Wien.
Berger aus Wien.
Blumröder aus Kirchlamitz.
Boczek aus Mähren.
Bözen aus Michelstadt.
Brentano aus Bruchsal.
Caspers aus Coblenz.
Christmann aus Dürkheim.
Claussen aus Kiel.
Damm a. Tauberbischofsheim.
Demel aus Teschen.
Dewes aus Losheim.
Dham aus Schmalenberg.
v. Dieskau aus Plauen.
Dietsch aus Annaberg.
Drechsler aus Rostock.
Eisenmann aus Nürnberg.
Eisenstuck aus Chemnitz.
Engel aus Pinneberg.
Esterle aus Cavalese.
Fallmerayer aus München.
Fehrenbach aus Säckingen.
Fetzer aus Stuttgart.
Förster aus Hünfeld.
Freese aus Stargard.
Frisch aus Stuttgart.
Geigel aus München.
Grubert aus Breslau.
Gunther aus Leipzig.
Gulden aus Zweibrücken.
Hagen, K., aus Heidelberg.
Haggenmüller a. Kempten.
Hartmann aus Leitmeritz.
Hedrich aus Prag.
Hehner aus Wiesbaden.
Heisterbergk aus Rochlitz.
Hensel a. aus Camenz.
Hentges aus Heilbronn.
Heubner aus Freiberg.
Heubner aus Zwickau.
Hildebrand aus Marburg.
Hönniger aus Rudolstadt.
Hoffbauer aus Nordhausen.
Hofmann aus Seifhennersdorf (Sachsen).
Jopp aus Enzersdorf.
Joseph aus Lindenau.
v. Itzstein aus Mannheim.
Junghanns aus Mosbach.
Köhler aus Seehausen.
Kolb aus Speyer.
Kollaczek a. österr. Schlesien.
Kuenzer aus Constanz.
Langbein aus Wurzen.
Levysohn aus Grünberg.
Liebelt aus Posen.
Löwe, Wilhelm, aus Calbe.
Mammen aus Plauen.
Mandrella aus Ujest.
Mareck a. Gratz (Steyermark.)
Marsilli aus Roveredo.
Martiny aus Friedland.
Mayer aus Ottobeuern.
Meyer aus Liegnitz.
Minkus aus Marienfeld.
Mölling aus Oldenburg.
Mohr aus Oberingelheim.
Nägele aus Murrhardt.
Nauwerck aus Berlin.
Pattai aus Steyermark.
Paur aus Neisse.
Peter aus Constanz.
Pfahler aus Tettnang.
Rank aus Wien.
Raus aus Wolframitz.
Reh aus Darmstadt.
Reichard aus Speyer.
Reichenbach, Graf, a. Domezko.
Reinhard aus Boytzenburg.
Reinstein aus Naumburg.
Rheinwald aus Bern.
Richter aus Achern.
Rödinger aus Stuttgart.
Rösler aus Oels.
Roßmäßler aus Tharand bei Dresden.
Rühl aus Hanau.
Sachs aus Mannheim.
Schaffrath aus Neustadt.
Scharre aus Strehla.
Schenk aus Dillenburg.
Schilling aus Wien.
Schlöffel aus Halbendorf.
Schlutter aus Poris.
Schmidt, Ernst Friedr. Franz aus Löwenberg.
Schmitt aus Kaiserslautern.
Schoder aus Stuttgart.
Schüler aus Jena.
Schüler, Friedrich aus Zweibrücken.
Schwarzenberg, Philipp, a. Cassel.
Schulz aus Darmstadt.
Simon, Max, aus Breslau.
Simon, Heinrich, a. Breslau.
Simon, Ludwig, aus Trier.
Spatz, aus Frankenthal.
Steckinger aus Frankenthal.
Tafel aus Stuttgart.
Tafel, Franz, a. Zweibrücken.
Titus aus Bamberg.
Trampusch aus Wien.
v. Trützschler aus Dresden.
Umbscheiden aus Dahn.
Venedey aus Köln.
Vogel aus Guben.
Vogt aus Gießen.
v. Wagtorf aus Leichnam.
Werner aus Oberkirch.
Wesendonk aus Düsseldorf.
Wiesner aus Wien.
Wigard aus Dresden.
Ziegert aus Preuß. Minden.
Zimmermann, Professor aus Stuttgart.
Zimmermann aus Spandow.
Zitz aus Mainz.

Druck von August Osterrieth.

1848

Die deutsche verfassunggebende Nationalversammlung hat beschlossen, und verkündigt als Reichsverfassung:

Verfassung des deutschen Reiches.

Abschnitt I. Das Reich.

Artikel I.

§. 1.

Das deutsche Reich besteht aus dem Gebiete des bisherigen deutschen Bundes.

Die Festsetzung der Verhältnisse des Herzogthums Schleswig bleibt vorbehalten.

§. 2.

Hat ein deutsches Land mit einem nichtdeutschen Lande dasselbe Staatsoberhaupt, so soll das deutsche Land eine von dem nichtdeutschen Lande getrennte eigene Verfassung, Regierung und Verwaltung haben. In die Regierung und Verwaltung des deutschen Landes dürfen nur deutsche Staatsbürger berufen werden.

Die Reichsverfassung und Reichsgesetzgebung hat in einem solchen deutschen Lande dieselbe verbindliche Kraft, wie in den übrigen deutschen Ländern.

§. 3.

Hat ein deutsches Land mit einem nichtdeutschen Lande dasselbe Staatsoberhaupt, so muß dieses entweder in seinem deutschen Lande residiren, oder es muß auf verfassungsmäßigem Wege in demselben eine Regentschaft niedergesetzt werden, zu welcher nur Deutsche berufen werden dürfen.

§. 4.

Abgesehen von den bereits bestehenden Verbindungen deutscher und nichtdeutscher Länder soll kein Staatsoberhaupt eines nichtdeutschen Landes zugleich zur Regierung eines deutschen Landes gelangen noch darf ein in Deutschland regierender Fürst, ohne seine deutsche Regierung abzutreten, eine fremde Krone annehmen.

§. 5.

Die einzelnen deutschen Staaten behalten ihre Selbstständigkeit, soweit dieselbe nicht durch die Reichsverfassung beschränkt ist; sie haben alle staatlichen Hoheiten und Rechte, soweit diese nicht der Reichsgewalt ausdrücklich übertragen sind.

Abschnitt II. Die Reichsgewalt.

Artikel I.

§. 6.

Die Reichsgewalt ausschließlich übt dem Auslande gegenüber die völkerrechtliche Vertretung Deutschland's und der einzelnen deutschen Staaten aus.

Die Reichsgewalt stellt die Reichsgesandten und die Consuln an. Sie führt den diplomatischen Verkehr, schließt die Bündnisse und Verträge mit dem Auslande, namentlich auch die Handels- und Schifffahrtsverträge, so wie die Auslieferungsverträge ab. Sie ordnet alle völkerrechtlichen Maaßregeln an.

1849

Der deutsche Palmesel.

Motto: „Und er ward geduldig, und ließ sich wie ein Schaf zur Schlachtbank führen!"
Jsaias, 7, V.

Deutschland 1849.

Freies Deutschland.

Wie die Grundrechte des deutschen Volkes eingeführt werden.

1866: Karikatur auf die Vergewaltigung Frankfurts durch Preußen.

1866: Erinnerungsblatt auf die Freie Stadt Frankfurt am Main.

Frankfurter!

Sonnemann war es und **ich,** wir waren es, die im Jahre 1866, als Alles über unser Frankfurt herfiel, jene heillose Bande von Feinden unserer Stadt mit unserer Feder zum stehen brachten. Wir schmissen von **Stuttgart** aus zwischen die Halunken hinein, daß die Federn flogen. — Die Herren **Dr. Spiess & Getz** rührten keinen Finger um die Ehre ihrer Vaterstadt. Als unser Frankfurt der erbärmliche Braun so schwer beschimpft, wer schlug ihm auf's Maul, daß er genug hatte? Ich war es und **die Frankfurter Zeitung.** Die **Laskerianer, Spiess & Getz** rührten sich nicht.

Ich liebe mein deutsches Vaterland und mein Volk mehr, als diese Herren, denn ich wünsche ihm **Besseres,** ich wünsche ihm die **Freiheit.** Ich habe dafür immer ohne Eigennutz gestrebt, ich habe dafür gelitten und sogar gedarbt. Wäre in mir auch nur der **Schatten eines Verdachtes** gegen die **Deutsche Gesinnung Sonnemann's,** ich würde wahrlich! sein Gegner sein, anstatt sein Fürsprecher. Was man ihm in dieser Beziehung nachsagt, ist blanker Lug und Trug, von gewissenlosen Stellenjägern, Speichelleckern u. s. w., von Burschen, denen noch die Augen naß waren über **das Unglück Frankfurts,** als sie schon die Hände nach Orden und Titeln ausstreckten.

Weil gewisse Herren in ihrer Mitte keinen einzigen Mann von wirklichem Talent haben, — man sieht's an ihrer armseligen Polemik in den Blättern, — darum wollen sie glauben machen, außer ihnen gäb's nichts mehr in Frankfurt!

Frankfurter! Ich rathe meiner Vaterstadt nichts Schlechtes und darum wählet

Leopold Sonnemann.

Frankfurt a. M., 15. Januar 1874.

Friedrich Stoltze.

1874: Wahlaufruf Friedrich STOLTZEs
im Reichstagswahlkampf. Bethmannarchiv.

1889 Dez. 9: Kaiser WILHELM II.
in Frankfurt am Main. Slg. Vömel.

1896 Mai 10: Kaiserbesuch zur Enthüllung des Frankfurter Denkmals Kaiser WILHELMs I.

1903 Juni 4: Eintragung des Kaiserpaares in das Goldene Buch der Stadt.

Ca. 1875: S 8/2-153, Karten.

1900: Silbermedaille der Pariser Weltausstellung
für Fritz HAUSMANN. S 4a/113.

1913: Versicherungspolice.

1914 März 8: Frauentag.

1942 Aug. 18: Verschleppung jüdischer Frankfurter ins KZ Theresienstadt.

1942 Herbst: Beschlagnahme der Domglocken zu Kriegszwecken, Abtransport der Gloriosa e°, 11950 kg.

1944, Ende März: Martialische Totenfeier für Alt-Frankfurt vor der zerstörten Oper, links der Trauerkranz des "Führers".

1944: Särge von Bombenopfern auf dem Waldfriedhof Oberrad (unten).

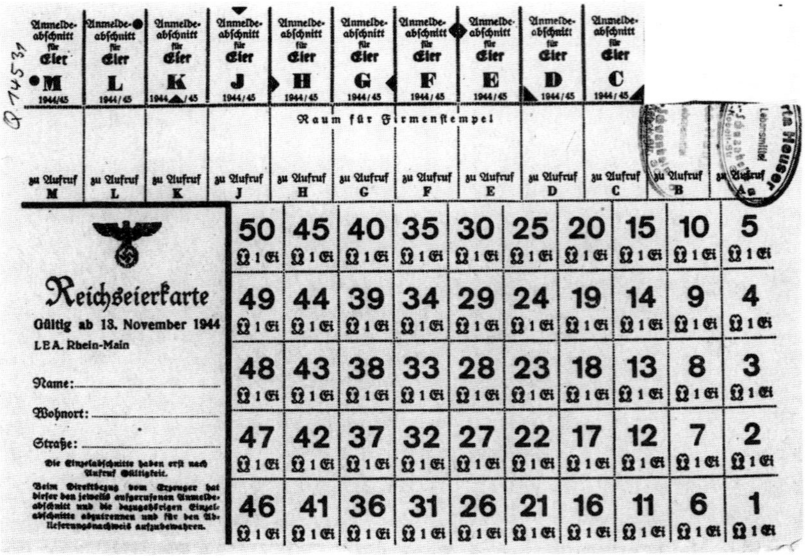

1944 Nov. 13: Reichseierkarte. S 3/Q 14531.

1945: Das zerstörte Stadtzentrum.

Nr. 336 Sonntag, 18. März 1945

NACHRICHTEN FÜR DIE TRUPPE

Eisenhower warnt Frankfurt, Mannheim

Der Oberbefehlshaber der anglo-amerikanischen Streitkräfte im Westen hat eine sensationelle Warnung an die Zivilbevölkerung von Frankfurt am Main und Mannheim gerichtet.

Er hat den Raum von Frankfurt und von Mannheim-Ludwigshafen zum Kampfgebiet erklärt, in dem nichts geschont werden wird und hat die Zivilbevölkerung aufgefordert, die Stadtgebiete von Frankfurt und Mannheim-Ludwigshafen, sowie die weitere Umgebung sofort zu verlassen, solange noch Zeit ist.

Das vom alliierten Oberkommando angegebene Kampfgebiet Frankfurt

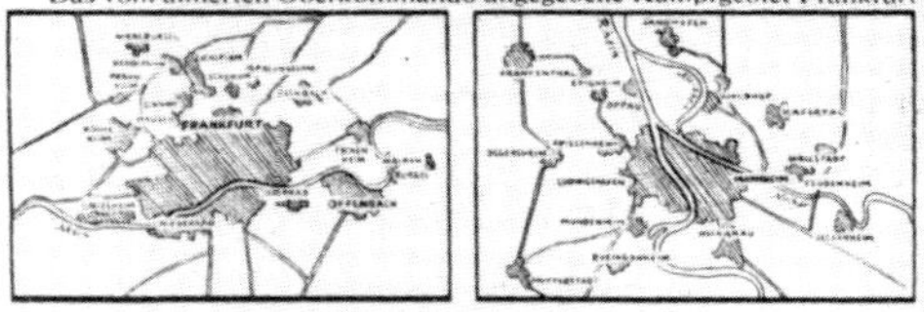

Diese Gebiete sind betroffen

umfasst alle Teile des Stadtkreises **Frankfurt, sowie Niederursel, Heddernheim, Eschersheim, Eckenheim, Ginheim, Preungesheim, Seckbach, Fechenheim, Bürgel, Waldheim, Offenbach, Oberrad, Niederrad, Griesheim, Rödelheim, Hausen** und **Praunheim.**

Das Kampfgebiet Mannheim-Ludwigshafen umfasst nach der Bekanntmachung des alliierten Oberbefehlshabers die Stadkreise **Mannheim** und **Ludwigshafen, sowie Sandhofen, Waldhof, Käfertal, Wallstadt, Feudenheim Seckenheim, Neckarau, Mundenheim, Rheingonheim, Mutterstadt, Friesenheim, Oggersheim, Oppau, Edigheim** und **Frankenthal.**

Beim Stabe des Ob. West kam diese Warnung des alliierten Oberbefehlshabers als völlige Überraschung, da die Alliierten bei ihrem Vorstoss zum Rhein die Zivilbevölkerung immer wieder aufforderten, sich nicht evakuieren zu lassen, sondern in Kellern und LS-Bunkern abzuwarten, bis die Front an ihnen vorbei war.

Dauerbombardement

Man sieht in den neuen Anweisungen an die deutsche Zivilbevölkerung eine Bestätigung der Meldungen, dass die Alliierten, gleichzeitig mit dem Übergang über den Rhein, das Luftbombardement und den Artilleriebeschuss des rechtsrheinischen Kampfgebiets zu einem noch nie dagewesenen Dauerbombardement zu steigern beabsichtigen. Dabei dürften die neuen 10-Tonnen-Bomben und andere neue Waffen eine grosse Rolle spielen

Die Nahe überrannt: Mainz, Worms bedroht

Der Dreifrontenkampf der 1. Armee in der Saarpfalz hat eine dramatische Wendung genommen.

Amerikanische Panzer haben bei Bad Kreuznach die Nahe überschritten und stossen von dort aus fächerförmig in allen Richtungen vor.

Städte wie Mainz, Worms und Ludwigshafen sind mit einem Schlage in die vorderste Kampffront gerückt. Eine amerikanische Panzerspitze wurde zuletzt nur 50 km von Frankfurt a. M. gemeldet, andere rollen in Richtung Worms, Ludwigshafen und Kaiserslautern vor.

Grosse Verbände von Schlachtflugzeugen bahnen den amerikanischen Kolonnen als Sturmartillerie den Weg. Alarmeinheiten und Volkssturmbataillone, die in aller Eile zusammengezogen werden, können den Ansturm nicht aufhalten.

Ganze Kampfeinheiten werden von den Amerikanern überrannt, ohne überhaupt zum Schuss zu kommen.

Tausende von Wehrmachtangehörigen haben den aussichtslosen Kampf eingestellt und die Waffen gestreckt.

Durch den neuen amerikanischen Durchbruch über die Nahe hinaus sind jetzt die gesamten Verbände der 1. Armee in der Saarpfalz unmittelbar bedroht.

Verstärkte Angriffe

Nacheinander haben die Amerikaner schon die Hauptversorgungsstrassen und Eisenbahnen durchschnitten, über die der Nachschub für die deutschen Truppen geht,

Dazu kommt, dass die amerikanischen Angriffe an den beiden anderen Kampffronten in der Saarpfalz immer heftiger werden.

Die amerikanischen Verbände, die aus dem Raum südostwärts Saarburg die Saarbefestigungen aufrollen, wurden zuletzt nur 2 Kilo-

(Fortsetzung Seite 4)

1 157 576 . . .

Seit Beginn der alliierten Offensive am 23. Februar haben sich 146 793 Wehrmachtangehörige den Anglo-Amerikanern ergeben.

Seit Beginn der Invasion haben 1 157 576 Wehrmachtangehörige im Westen sich gefangen gegeben.

Gauleiter Forster verlässt Danzig

Gauleiter Forster hat sich gestern in Danzig an Bord eines deutschen Kriegsschiffs begeben. Das Kriegsschiff soll den Gauleiter nach Kiel bringen, sobald der Widerstand im Brückenkopf Danzig-Gotenhafen zusammenbricht.

Nach den letzten Meldungen hat sich die Lage im Brückenkopf weiter verschärft. Sowjetpanzer sind bei Quassendorf und Zuckau in die deutschen Stellungen eingebrochen und dringen weiter gegen die Danziger Bucht vor, um Gotenhafen von Danzig zu trennen.

Vorläufig leitet Gauleiter Forster aber noch von seinem Kriegsschiff aus den Widerstand der Bevölkerung im letzten Rest des Gaues Danzig-Westpreussen.

In zwei anderen grossen Ostseestädten, Stettin und Königsberg, ist die Bevölkerung heute bereits dem erbarmungslosen Feuer schwerer Fernkampfgeschütze der Sowjets ausgesetzt.

Vor Stettin haben die Sowjets den Brückenkopf ostwärts der Stadt weiter zusammengedrückt und die Oder auch bei Bergland erreicht.

Der Kommandeur der 204. z.b.V.-Division, Generalleutnant Schleinitz, hat sich mit mehr als 2 000 Mann gefangen gegeben.

Im Brückenkopf Königsberg haben die Sowjets gestern den stark befestigten Platz Brandenburg und eine Anzahl weiterer Stützpunkte im Sturm genommen.

In Königsberg selbst sind Hunderttausende von Frauen und Kindern in Kellern und Luftschutzbunkern zusammengepfercht, um vor dem Feuer der sowjetischen Ferngeschütze und den Angriffen

(Fortsetzung Seite 3)

Mikosch wird Sündenbock

Als Sündenbock für das Versagen der Schanzarbeiten in Ostpreussen, die den Sowjetansturm nirgends aufzuhalten vermochten, soll jetzt Generalmajor Hans Mikosch, der mit seinen Stäben für die Planung der Stellungen in Ostpreussen verantwortlich war, vor das Reichskriegsgericht gestellt werden. Generalmajor Mikosch wurde bereits festgenommen. Die Untersuchung ist eingeleitet.

Generalmajor Mikoschs Warnungen vor der Sinnlosigkeit der von der Partei überwachten Schanzarbeiten wurden seinerzeit in den Wind geschlagen. Dagegen wurde aber die Erklärung von Gauleiter Erich Koch gross herausgestellt, er habe den Russen ein unüberwindliches, tiefgestaffeltes Bollwerk entgegengestellt, das in einer Linie aneinandergereiht von Königsberg bis nach Lissabon reichen würde.

1945 März 18: Nachrichten für die Truppe. S 4 d/1 f. 112.

1949 Juli 25: Thomas MANN in der Paulskirche
anläßlich seiner Goethepreisrede.

1963 Juni 25: Rede des amerikanischen Präsidenten
John F. KENNEDY in der Paulskirche.

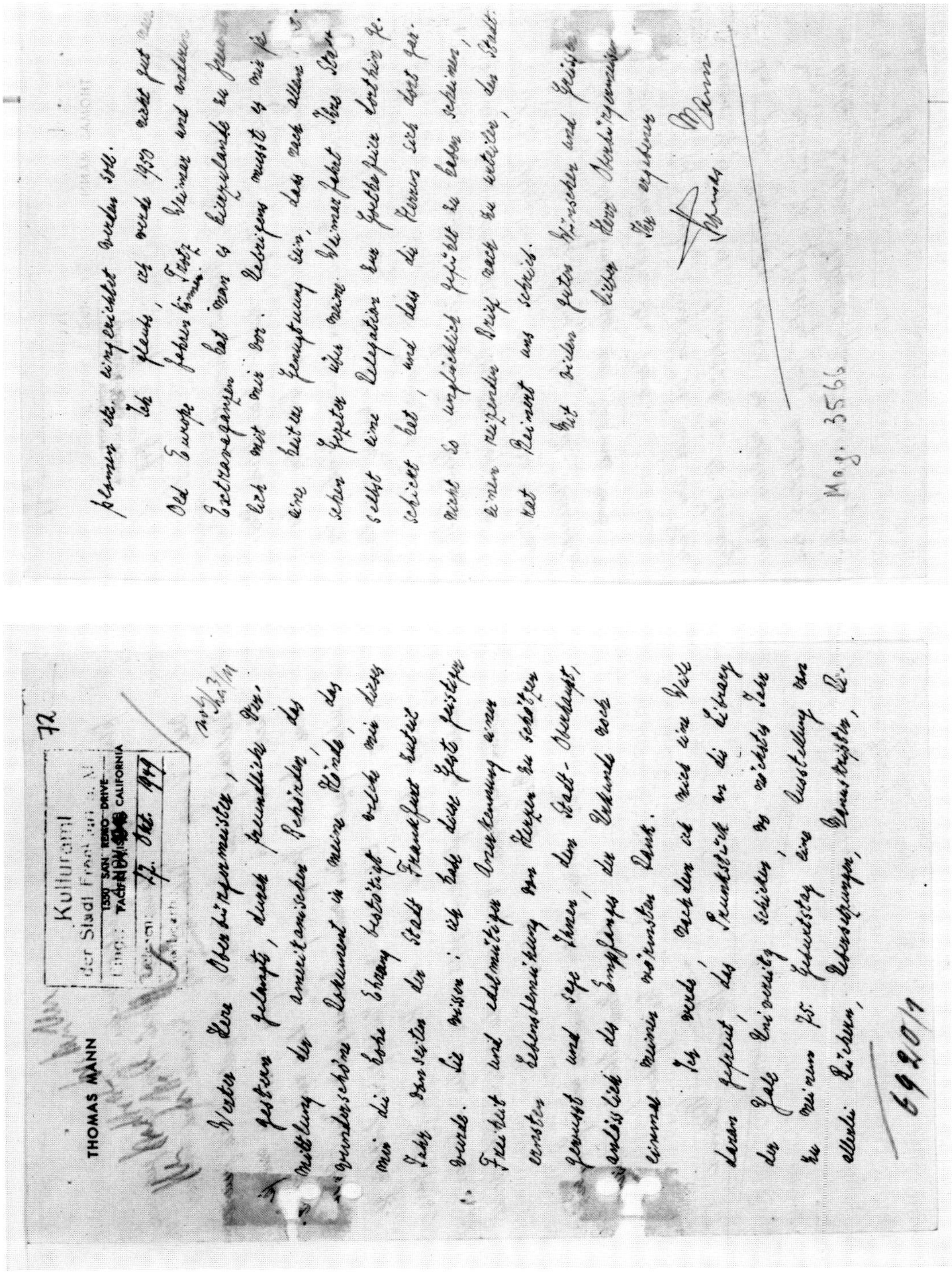

1949 Okt. 27: Thomas MANN an Oberbürgermeister Walter KOLB. Mag. 3566 f. 72-72'.

1959 März 8: Ehrenbürgerbrief für den Atomphysiker Professor Otto HAHN.

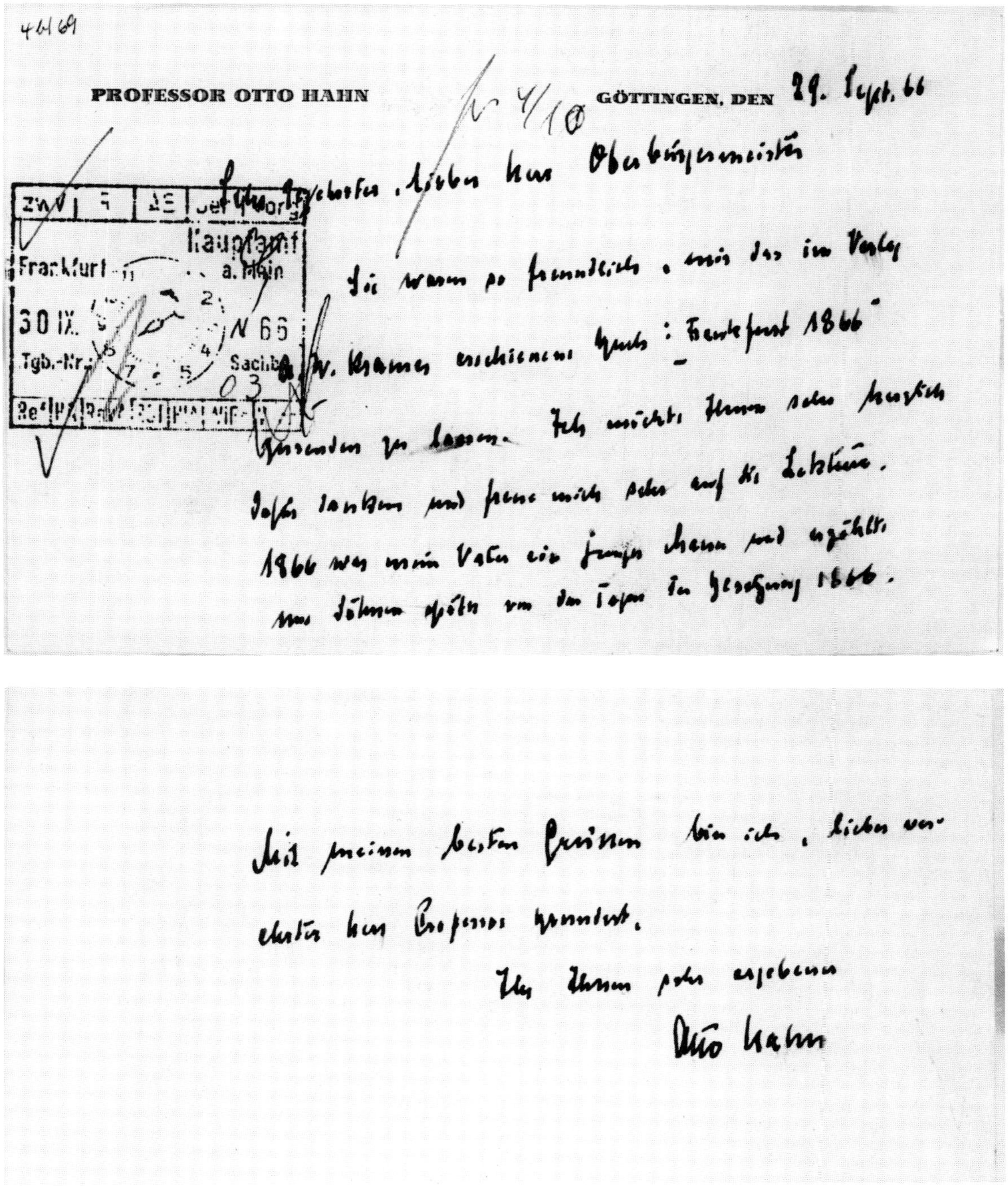
4b/69

PROFESSOR OTTO HAHN GÖTTINGEN, DEN 29. Sept. 66

Hauptamt Frankfurt a. Main 30 IX. 66

Sehr geehrter, lieber Herr Oberbürgermeister

Sie waren so freundlich, mir das im Verlag W. Kramer erschienene Buch: „Frankfurt 1866" zusenden zu lassen. Ich möchte Ihnen sehr herzlich dafür danken und freue mich sehr auf die Lektüre. 1866 war mein Vater ein junger Mann und erzählte uns Söhnen später von den Tagen der Besetzung 1866.

Mit meinen besten Grüssen bin ich, lieber verehrter Herr Professor Brundert,

Ihr Ihnen sehr ergebener

Otto Hahn

1966 Spt. 29: Karte Otto HAHNs an Oberbürgermeister Professor BRUNDERT. S 4 b/69.

1967 Nov. 15: Kundgebung der I. G. Metall auf dem Römerberg.

1967 Nov. 24: Kundgebung der "Antifaschistischen Aktion" gegen die NPD.

1980 Okt.: Jüdischer Friedhof Rat-Beil-Straße:
"Der Schoß ist fruchtbar noch, aus dem das kroch".

1981: Häuserkampf, Fechenheimer Straße 4.

1981 August 28: Eröffnung der "Alten Oper".

6.2. Teil II: Städtisches Archiv seit 1868

Die Anordnung dieser Aufstellung folgt der z.Z. gültigen Gliederung der Stadtverwaltung. Bei ungeordneten Beständen Angaben mit Vorbehalt!

Stadtverordnetenversammlung
- Protokolle 1867-1982, Rep. 503, 614, K
- Anlagen zu den Plenarsitzungen, 1946-1956, K
- Akten 1867-1934, Rep. 488, K

Ortsbeiräte
- Akten (Einladungen, Anträge, Anregungen), 1973-1974, unverzeichnet

Stadtbezirksvorsteher
- Akten ca. 1950-1975, ungeordnet

Magistrat
- Protokolle/Beschlüsse 1868-1983, Rep. 597
- Akten 1868-1932, Rep. 445-464
- Acta secreta 1886-1918, unverzeichnet
- Akten 1932-1954, Rep. 446, 469
- Kanzleischreiben 1934 - ca. 1944, unverzeichnet
- Akten 1955-1969, nur für den Dienstgebrauch!
- Dienstverträge 1868-1923, Rep. 441
- Verträge 1868-1943, Rep. 440
- Anlagen zum Haushaltsplan 1922-1926

1 ALLGEMEINE VERWALTUNG
- Personalakten der Stadtverwaltung, nur für den Dienstgebrauch!
  - Generalia 1920 ff., K
  - Specialia 1900 ff., K
- Verträge der Stadtverwaltung 1960 ff., K
- Ehrenbuch zum Gedächtnis der gefallenen Frankfurter 1914-1918, 1936, K
- Hessischer Städteverband
  - Akten 1949 ff., ungeordnet

10 **Hauptverwaltungsamt**

Stadtkanzlei

Akten ca. 1900 - ca. 1960, ungeordnet

Akten, ungeordnet

Pressestelle, Wochenberichte des Oberbürgermeisters 1945-1948

11 **Personal- und Organisationsamt**

Akten 1950-1974

11/2 **Zusatzversorgungskasse**

Versichertenbücher 1945-1977

Akten 1945-1977

Mikrofilme 1945-1977

12 **Amt für Statistik, Wahlen und Einwohnerwesen**

Statistisches und Wahlamt

Akten 1866-1945, K

Einwohnermeldeamt (auch: Polizeipräsidium, Ordnungsamt)

Nullkartei 1870-1930, nur für den Dienstgebrauch!

Nullkartei, Mikrofilme 1945-1965, nur für den Dienstgebrauch!

A-Meldekartei 1945-1975, nur für den Dienstgebrauch!

B-Meldekartei, Mikrofilme 1965-1975, nur für den Dienstgebrauch!

B-Meldekartei 1975 ff., nur für den Dienstgebrauch!

13 **Presse- und Informationsamt**

Akten ca. 1955-1965, ungeordnet

Akten Z

Akten, Abg. 1980

Akten, Abg. 1982-1983

14 **Rechnungsprüfungsamt**

Akten ca. 1928-1960, ungeordnet

Revisionsamt, Arch.-Zug. 17/1970

2 FINANZVERWALTUNG

20 Rechnei

Akten III 1869-1933, ungeordnet

Steuerbücher 1840-1930, Rep. 442

Finanzverwaltung

Akten ca. 1944-1967, ungeordnet

Haushaltsetat 1870-1926

Haushaltspläne 1924-1930

Stadtkämmerei

Akten 1900-1975, K

Kämmereigesellschaften

Akten ca. 1960-1970, ungeordnet

Darlehensanstalt

Akten, Bücher, Arch.-Zug. 51a/70, ca. 1952-1970, ungeordnet

Steuerverwaltung

Akten ca. 1937-1944, ungeordnet

21 Stadt(haupt)kasse

Jahresrechnungen ca. 1939-1953, ungeordnet

23 Liegenschaftsamt

Akten, ungeordnet

3 RECHTS-, SICHERHEITS- UND ORDNUNGSVERWALTUNG

Polizeipräsidium

Akten 1943 ff., ungeordnet

30 Rechtsamt

Rechtsauskunftsstelle

Akten ca. 1916-1932, ungeordnet

Stiftungsabteilung

Akten 1875-1982, Rep. 549

Bücher ca. 1945-1955, ungeordnet

Pestalozzistiftung

Akten ca. 1953-1973, ungeordnet

Versorgungshaus

Bücher ca. 1837-1956, ungeordnet

32 **Ordnungsamt**

Konzessionsakten 1870-1950, K

Gewerbe- und Ordnungsamt

Akten ca. 1960-1970, ungeordnet

Ernährungsamt

Akten 1945 ff., ungeordnet

34 **Standesamt**

Heirats- und Sterbebelege 1860-1933

37 **Branddirektion** vgl. Sozialamt, Luftschutzakten!

Feuer- und Fuhramt

Protokolle 1876-1878

4 SCHUL- UND KULTURVERWALTUNG

41 **Amt für Wissenschaft und Kunst**

Akten des Kulturamts 1900-1930, Rep. 394, K

Akten des Kulturamts ca. 1930-1975, K

42 **Stadt- und Universitätsbibliothek**

Rothschildbibliothek

Akten, Bücher 1895-1917, ungeordnet

43 **Amt für Volksbildung/Volkshochschule**

Honorarakten der VHS ca. 1960 ff., nur für den Dienstgebrauch!

46 **Städtische Bühnen**

Akten 1950-1975, K

Akten vor ca. 1980, ungeordnet

47 **Stadtarchiv**

Akten 1927-1945, Bestandsrest, nach Kriegsschaden unbenutzbar, Rep. 585 (in Bearbeitung)

Akten 1945-1976, nur für den Dienstgebrauch!

Benutzerakten 1945-1980, K, nur für den Dienstgebrauch!

Akademie für Sozial- und Handelswissenschaft

Akten und Bücher 1901-1929, ungeordnet

5 SOZIAL-, JUGEND- UND GESUNDHEITSVERWALTUNG

50 **Sozialamt**

Luftschutzakten, auch: Feuerwehr, 1929-1953, Rep. 544, K

Fürsorgeakten 1945 ff., K

Fürsorgeerziehungsliste 1916-1960

Liste über Anträge gemäß § 1666 BGB

Armenamt

Akten ca. 1920-1940, ungeordnet

Fürsorgeamt

Anweisungsbücher, 20. Jh., ungeordnet

51 **Jugendamt**

Adoptionsakten 1870-1945

Amtsvormundschaftsakten 1945 ff., K

52 **Sportamt**

Akten ca. 1890 - ca. 1944, ungeordnet

53 **Stadtgesundheitsamt**

Erbgesundheitsakten 1925-1955, ungeordnet

55 **Ausgleichsamt**

Akten betr. NS-Verfolgte 1945-1950

Besatzungsamt

Akten ca. 1937-1958, ungeordnet

Flüchtlingsamt (Betreuungsstelle für rassisch und religiös Verfolgte)

Wiedergutmachungslisten, Entschädigungsakten, ca. 1945-1960, ungeordnet

56 **Sozialverwaltungsamt**

Akten Arch.-Zug. 4/72, ungeordnet

Städtische Arbeitszentrale für Erwerbsbeschränkte

Akten ca. 1920-1939, ungeordnet

6 BAUVERWALTUNG

Trümmerverwertungsgesellschaft

Akten, Bücher 1945-1969, Rep. 608

Tiefbauamt

Akten ca. 1908 ff., ungeordnet

62 Stadtvermessungsamt

Akten des Gutachterausschusses für Grundstückswerte ca. 1945-1981

63 Bauaufsichtsbehörde

Akten ca. 1949 ff., ungeordnet

64 Amt für Wohnungswesen

Wohnungsamtsakten ca. 1945-1960, ungeordnet

Hypothekenakten ca. 1900-1965, nur für den Dienstgebrauch!

Mieteinigungsamt

Akten ca. 1945 ff., ungeordnet

65 Hochbauamt

Berichte 1945-1954

66 Straßenbauamt (auch: Amt für Vergabewesen)

Akten und Mikrofilme betr. Bauverwaltung ca. 1950-1985, K, nur für den Dienstgebrauch!

Brückenbauamt

Akten ca. 1935-1944, ungeordnet

7 VERWALTUNG FÜR ÖFFENTLICHE EINRICHTUNGEN

70 Stadtreinigungsamt

Akten ca. 1924-1929, ungeordnet

Städtischer Fuhrpark

Akten ca. 1921-1939, ungeordnet

Fuhramt vgl. Branddirektion!

71 Schlacht- und Viehhof

Akten ca. 1880-1940, K

8 **VERWALTUNG FÜR WIRTSCHAFT UND VERKEHR**

81 **Stadtwerke**

Akten 1870-1935

Wasserwerksakten 1870-1935, K

82 **Forstamt**

Hauungspläne 1949-1952

Kulturpläne 1948-1957

87 **Wirtschaftsamt**

Akten vor 1966, ungeordnet

6.3. NACH 1945 ÜBERNOMMENE GERICHTSAKTEN

1. **Amtsgerichte Frankfurt am Main** u. Frankfurt am Main-Höchst

1.1. Notariatsurkunden 1860-1965, K

2. **Grundbücher** nebst Anlagen, Frankfurt am Main und bis 1929 eingemeindete Vororte ca. 1800-1904

6.4. VORORTE

6.4.1. **Graebestiftung zu Praunheim** Arch.-Zug. 47/48

6.4.2. **Archive der ab 1929 eingemeindeten Vororte (Vorortakten)**

01. Bergen-Enkheim 1920-1976
02. Fechenheim 1629-1943, Rep. 592
03. Griesheim ca. 1850-1930, Rep. 416
04. Harheim 1800-1968, Rep. 485
05. Höchst 1806-1936, Rep. 499, 505
06. Kalbach ca. 1850-1972, K
07. Nied 1790-1928, Rep. 524
08. Niedererlenbach ca. 1850-1972
09. Niedereschbach ca. 1850-1972
10. Schwanheim ca. 1850-1972
11. Sindlingen 1696-1930, K
12. Sossenheim 1645-1930, K
13. Unterliederbach 1705-1930, K
14. Zeilsheim 1680-1806, Rep. 425

Vor 1867

1867 Aug. 15

S. 168-174: Das Bild der Stadt im Wandel am Beispiel des Dombezirks.

1877 Okt. 6: Setzung der Kreuzblume.

1867 nach Aug. 15

Vor 1939

Um 1945

Um 1952

Um 1965

Um 1975

1980

1985

1982

1979: "Mainhattan".

Älteres großes Stadtsiegel von Frankfurt, ab 1219, Ø 60 mm. 1245 August 3, Archiv Solms-Lich.

Siegel des Frankfurter Schultheißen Eberwin VON KRANSBERG, 1227 Juli 31, Höhe 70 mm. Heiliggeistspitalurkunden 912.

Jüngeres großes Stadtsiegel von Frankfurt, ab 1253, Ø 65 mm. Siegelstempel HM X 9977.

Siegel der Bürgerschaft von Frankfurt, 1612 Nov. 21/11, Ø 35 mm. Bayer. Staatsarchiv Würzburg.

Währschaftssiegel der Stadt Frankfurt, ab 1637, Ø 63 mm. Siegelstempel HM X 9960.

Großes Siegel der Freien Stadt Frankfurt am Main, ab 1844, Ø 61 mm. Siegelstempel HM X 10939.

Älteres großes Siegel des St. Bartholomäusstifts, ab 1223, Ø 70 mm. BU 3124.

Jüngeres großes Siegel des St. Bartholomäusstifts, 1400 Mai 5, Höhe 73 mm. BU 1593.

Kleines Siegel (ad causas) des St. Bartholomäusstifts, 1323 Juni 2, Ø 47 mm. BU 3781.

Großes Siegel des Marien- und St. Georgs- (St. Leonhards)-Stifts, nach 1323, Ø 49 mm. Siegelstempel HM X 9984.

Großes Siegel des Liebfrauenstifts, ab 1325, Höhe 84 mm. Siegelstempel HM X 9985.

Konventssiegel des Barfüßerklosters Frankfurt, 1477 Dezember 15, Höhe 64 mm. Glauburgurkunden.

6.5. Teil III: Nichtstädtische Archivalien, Sammlungen und Dokumentationen

A ARCHIVE NICHTSTÄDTISCHEN URSPRUNGS

1 **Kirchliche Archive**

Deutsch-Reformierte Gemeinde, Bestandsrest, Jung S. 409: III, VIII

Bücher 1530-1907, Rep. 600

Französisch-Reformierte Gemeinde, Depositum, Rep. 363

Bücher und Akten 1554-1864

Israelitische Gemeinde, beschädigter Bestandsrest

Akten 19. - 20. Jh., ungeordnet

Niederländische Gemeinde Augsburger Confession, Depositum, Rep. in Vorbereitung

Urkunden 1409-1781

Akten ca. 1887-1902

Bücher 1585-1956

Oberländische Gemeinde

Bücher, ungeordnet

2 **Soziale Einrichtungen**

Waisenhaus, Depositum, Bestandsrest, Rep. 540

Urkunden ca. 1380-1817

Akten 1644-1952

Bücher 1720-1916

Witwen- und Waisenkasse für angestellte Kaufleute

Akte ca. 1937-1942

3 **Adels-, Gesellschafts- und Familienarchive**

Freiherrn VON BELLERSHEIM 1370-1725, Depositum, Rep. 596

BREIDBACH-BÜRRESHEIM, K

Urkunden 1383 - 19. Jh.

Akten ca. 1580 - 20. Jh.

Bücher 1498 - 19. Jh.

A 3 FICHARD-Familienarchiv, Bestandsrest
Urkunden, Akten 1540-1789, Rep. 444

Ganerbschaft Nürnberger Hof (Nachlaß Alexander VON LERSNER)
Bücher und Akten 1857-1940

Gesellschaft Alt-Limpurg, Bestandsrest, Jung S. 412: III, XII
Urkunden 1307-1790, Rep. 439
Bücher 1315-1571
Anschlagtafel 1620, Depositum

Gesellschaft Frauenstein, Bestandsrest, Jung S. 413: III, XIII
Bücher 1598-1874

J.E. VON GLAUBURG-Sammlung, Bestandsrest
Urkunden 1227-1653
Varia 1306-1791, Jung S. 194 f.: XVIII C 1-20

HAEBERLIN-Archiv
Urkunden und Bücher (1198)-1790, Rep. 361

HOLZHAUSEN-Archiv, Rep. 362, Jung S. 413: III, XIV
Urkunden 1270-1909
Akten 15. - 19. Jh.
Bücher 1476-1877

LERSNER-Archivalien, Jung S. 223: XIX C 1-2
Urkunden 1227-1757, Rep. 296, 529, 530
Urkunden 1577-1796, Depositum, Rep. 297
Urkunden 1322-1604, Depositum 1980, Rep. 599
Familiensachen (Arch.-Zug. 93/39) 15. - 20. Jh.
Familiensachen 1693 - 19. Jh.
Wappenbücher (1231)-1710

SCHULZ- und WAGNER-Familienarchiv ca. 1700-1960

STALBURG-Familienarchiv, Jung S. 222 f.: XIX B
Urkunden 1339-1677
Akten 16. - 19. Jh.

VON WIESENHÜTTEN-Familienarchiv
Akten, Urkunden, Bücher 16. - 20 Jh., Rep. 491

A 4 **Wirtschafts- und Firmenarchive**

Industrie- und Handelskammer Frankfurt am Main (Depositum des Hessischen Hauptstaatsarchivs Wiesbaden), Jung S. 407 f.: III, IV

Akten 1694-1932, Rep. 367, 368

Akten 19. - 20. Jh., unverzeichnet

Alemannia Rückversicherung, Firmenarchiv

19. - 20. Jh., ungeordnet

Bankhaus Bethmann, Firmenarchiv, Depositum, Jung S. 413 f.: III, XV

Urkunden 1404-1791, Rep. 560

Akten 1321-1919, Rep. 560

Bücher 1709-1931, Rep. 498

Zeitgeschichtliche Sammlung 1759-1892, Rep. 560

Bankhaus Fink, Firmenarchiv

Kassenbücher ca. 1900-1930

Bankhaus Metzler, Historische Sammlung, Depositum

1663-1985, Rep. in Vorbereitung

Berliner Handelsgesellschaft, Depositum

Bücher 19. - 20. Jh.

Firma Philipp Holzmann 19. - 20. Jh., vorgeordnet

Firma Klein 19. - 20. Jh., ungeordnet

Thermometer- und Glasinstrumentenfabrik Hermann Künzel

Geschäftsakten ca. 1935-1944

Firma Latscha, Depositum

Akten, Bücher, Tonfilme (1882) ca. 1925 - ca. 1974, ungeordnet

Maingaswerke

Akten 19. - 20. Jh., ungeordnet

Bücher 19. - 20. Jh., ungeordnet

Druckerei Carl Naumann 1842-1926, Rep. 534

5 **Vereinigungen** (meist unverzeichnet)

V 1 Verein für das Historische Museum 20. Jh.

2 Frankfurter Künstlergesellschaft 19. - 20. Jh.

3/4 Mittwochs-Club 19. Jh.

5 Verein der Körpergeschädigten und Kriegshinterbliebenen 20. Jh.

6 Seminar für soziale Berufsarbeit 20. Jh.

5 V 7 Rotary-Club Frankfurt am Main 1927 ff.

8 Frankfurter Künstler-Gesellschaft
Bücher 1874-1897
Belege 1877-1904

9 Bibliophile Gesellschaft 19. - 20. Jh.

10 Stenographenverein Fechenheim 1907-1969, Rep. 541

11 NSDAP-Ortsgruppe Dornbusch Zelle 8 (Nachlaß Harry GERBER)
Akten 1935-1945, Rep. 543

12 Frankfurter Forum für Stadtentwicklung 1960-1980

13 FDP-Frankfurt am Main 1945-1949

14 Verein für naturwissenschaftliche Unterhaltung (Käwwernschachtel)
Akten 1860-1970
Protokolle 1859-1955

15 Gesangsverein Germania Bornheim
Kassenbücher 1871-1942

16 Deutsch-Bulgarische Gesellschaft Frankfurt 20. Jh.

17 Physikalischer Verein
Akten 19. - 20. Jh., Rep. 603
Bücher 19. - 20. Jh., Rep. 603

18 Bund für Volksbildung
Akten, Bücher 1924-1974

19 AG-Alte Oper 1964-1981

20 VDE-Frankfurt, Depositum
Akten 1906-1978, ungeordnet

21 Chorgemeinschaft e.V. 1884 Frankfurt am Main-Heddernheim, Depositum
Protokolle 1919-1970

6 Schulen

Heinrich-Kleyer-Berufsschule für Maschinenbau 1945-1960
Elisabethen-Schule ca. 1890-1970
Rudolf-Schule
Zeugnisbücher 1934-1943

B ARCHIVISCHE SAMMLUNGEN UND DOKUMENTATIONEN

S 1-**Nachlässe** Nr. 1-266

Auf Frankfurt am Main bezogene Personen- oder Familiennachlässe und -nachlaßsplitter 18. - 20. Jh., Übersicht in Rep. 588

Alphabetische Liste der Nachlässe und deren Laufzeit, bei ungeordneten Nachlässen Lebensdaten.

ALLEMAND, L', Familie, ca. 1806-1867, S 1/243.

APOLANT, Jenny, Stadtverordnete, ca. 1889-1925, S 1/132.

ARNDT, Rudi, Oberbürgermeister, 1972-1977, S 1/163.

BANSA, Louise, (geb. 1898), ungeordnet, S 1/225.

BARTH, Carola, Stadtverordnete, 1880-1958, S 1/39.

BARTHEL, Hermann, Telegrafenbauführer, 1942-1952, S 1/147.

BARTMANN, Peter, (1883-1964), Handelskammerpräsident, S 1/52.

BARY, Heinrich DE, (1803-1872), Bankier und Politiker, S 1/158.

BATTSEK, Kurt, Frankfurter Bevollmächtigter in Berlin, 1921-1970, S 1/56.

BECKMANN, Eberhard, Rundfunkintendant, ca. 1919-1962, S 1/75, Rep. 516.

BEERES, Karl, (1881-1967), Vorsitzender des Deutschen Beamtenbundes, S 1/209.

BEHRENDS, Handelsfamilie, ungeordnet, S 1/197.

BERBERICH, Rudolf, ungeordnet, S 1/221.

BESSIER-HEHNER, Familie, 1816-1930, S 1/22.

BEYER, Hubert VON, (geb. 1912), Schriftsteller, ungeordnet, S 1/137.

BINDING, Konrad, Brauereibesitzer, 1865-1944, Depositum, S 1/57.

BINGEMER, Heinrich, (1888-1955), Museumsdirektor, ungeordnet, S 1/214.

BISCHOFF, August, Bildhauer, 1925-1936, S 1/36.

BLANCK, Eugen, Architekt, ca. 1930-1980, S 1/177.

BLAUM, Kurt, Oberbürgermeister, 1945 März - 1946 Juli, S 1/38.

BLUM, Karl, Stadtverwaltung Höchst, Stadtrat, 1875-1948, Rep. 606.

BOCKELMANN, Werner, Oberbürgermeister, 1956-1968, ungeordnet, S 1/170.

BODECK, Familie, ungeordnet, S 1/199.

BOLONGARO-CREVENNA, Handelshaus, ca. 1736-1933, S 1/3.

B S 1 BORNEMANN, Wilhelm, Stadtschulrat, 1879-1894, S 1/20.

BOXHEIMER, Trude, geb. 1921, Angestellte der Firma Mouson, ungeordnet, S 1/235.

BRÖNNER, Heinrich Karl Remigius, (1789-1857), Buchhändler, ungeordnet, S 1/104.

BROFFT, Maurerfamilie, ca. 1784-1870, S 1/116.
1. Franz B. (1749-1830).
2. Franz B. (1788-1867).

BRUNDERT, Willi, Oberbürgermeister, ca. 1967-1970, S 1/167.

BUCHTHAL, Arnold, Jurist, ca. 1925-1965, S 1/138.

BURNITZ, Hans, Landschaftsmaler, 1896-1926, S 1/21.

CEFISCHER (FISCHER, Karl), (geb. 1900), Zeichner, ungeordnet, S 1/247.

CHRISTEL, Albert, Schriftsteller, 1714-1981, S 1/91.

CHUN, Anton Friedrich Julius, Handelsmann, ca. 1861-1873, S 1/233.

CLAUDI, Markus August, Ratsherr, ca. 1720-1820, S 1/27.

CLEYNMANN, Friedrich Joseph VON, Münzforscher, ca. 1808-1826, S 1/255.

CRONBERGER, Bernhard, (1860-1934), Schöpfer der Kleingartenbewegung, ungeordnet, S 1/196.

DAUB, Richard, Journalist, ca. 1931-1974, S 1/131.

DAUB-MOHR, Marie, Musikerin, 1900-1979, S 1/133.

DECHENT, Hermann, (1850-1935), Kirchenhistoriker, ungeordnet, Depositum, S 1/168.

DEMETER, Karl, Archivar, ca. 1848-1973, S 1/83, Rep. 521.

DENINGER, Hermann, Präsident der Industrie- und Handelskammer, ca. 1930-1968, S 1/72.

DESSAUER, Friedrich, (1881-1963), Philosoph, ungeordnet, S 1/180.

DIRINGSHOFEN, Heinz VON, (1900-1967), Mediziner, ungeordnet, S 1/60.

DITTRYCH, Ferdinand, Ingenieur, ca. 1886-1896, S 1/144.

DOEREN, Dodo VAN, (geb. 1898), Schauspielerin, ungeordnet, S 1/79.

DOERING, Georg, (1872-1962), Lehrer, ungeordnet, S 1/195.

EBEL, Richard, (geb. 1904), Jurist, ungeordnet, S 1/184.

EBERHARDT, Oskar, (geb. 1877), Schriftsteller, ungeordnet, S 1/213.

EBERT (BUSCH), Familie, ungeordnet, S 1/250.

ECKHARD, Andreas, Gastwirt, 1813-1814, S 1/115.

EHRHARDT, Joh. Ludwig Isaak, Bürgermilitär, ca. 1844-1862, S 1/64.

B S 1 EHRLICH, Paul, Mediziner, vgl. Quint, Familie S 1/150.

EIMS, Rudolf, Journalist, ca. 1897-1975, S 1/169.

EINZIG, Mathilde, Schauspielerin, ca. 1916-1963, S 1/90.

EMRICH, Willi, (geb. 1909), Obermagistratsdirektor, ungeordnet, S 1/190.

EPSTEIN, Werner, (geb. 1903), Grafiker, ungeordnet, S 1/206.

EPSTEIN, Wilhelm, Stadtverordneter, ca. 1931 Jan. - März, S 1/148.

ETTLINGER, (Fritz) Schlomo, (1884-1964), Rechtsanwalt, ungeordnet, S 1/160.

ETTLINGER, Karl, Schriftsteller, ca. 1917-1951, S 1/55, Rep. 518.

EYBEN, Adolf Gottlieb FREIHERR VON, hessischer Jurist, 1716-1771, S 1/26.

FAY, Bernhard Georg, Bürgermilitär, ca. 1814-1856, S 1/112.

FAY, Heinrich Eduard, Stadtverordneter, ca. 1843-1873, S 1/11.

FAY, Viktor, (1827-1911), Gastwirt, ungeordnet, S 1/227.

FELLNER, ungeordnet, S 1/207.
1. Ferdinand F., (1799-1859).
2. Karl Konstanz Viktor F., Bürgermeister, (+1866).

FICHARD, Johann Maximilian VON, gen. BAUR VON EYSSENECK (1783-1846), Militär, ungeordnet, S 1/183.

FINGER, Samuel Gottlieb, Handelsmann, ca. 1798-1803, S 1/24.

FISCHER, Peter, Stadtverordneter, 1945-1947, S 1/30.

FLAUAUS, Robert, Stadtverordneter, ca. 1879-1914, S 1/149.

FLESCH-THEBESIUS, Max, Stadtverordneter, ca. 1908-1972, S 1/156.

FRANK, Karl Jakob, Bürgermilitär, ungeordnet, S 1/203.

FRIES, Familie, ungeordnet, Depositum, S 1/154.

FRITZ, Robert, Jurist, 1911-1962, S 1/155, Rep. 561.

GEIS, Franz Ferdinand, Schriftsteller, ca. 1871-1945, Depositum, S 1/162.

GEYSER, Familie, ungeordnet, S 1/205.

GLÖCKLER, Familie, ungeordnet, S 1/242.

GLOYR, Adolf, Grafiker, ca. 1940-1946, S 1/139.

GOLDSCHMIDT, Benedikt Salomon, (1769-1826), Handelsmann, ungeordnet, S 1/211.

GOLDSCHMIDT-ROTHSCHILD, Maximilian FREIHERR VON, Bankier, 1897-1924, S 1/29.

GONDLACH, Hermann, Musiker, 1919-1964, S 1/49.

GONTARSKI-BIENERT, Familie, ungeordnet, S 1/240.

B S 1 GREB, Johann Wilhelm, Bierbrauer, 1848-1862, S 1/14.

GRIMM, Otto, (1855-1925), Bürgermeister, ungeordnet, S 1/101.

GROSS, Katharina, aus Seckbach, 1864-1894, S 1/118.

GRUBER, Franz Ferdinand, ungeordnet, S 1/142.

GRÜN-GÖTTERT, Lilli, Buchillustratorin, ungeordnet, S 1/202.

Gustav-Adolf-Verein, ca. 1908-1921, S 1/200.

HAAG, G.L., Reichsinnungsmeister, ungeordnet, S 1/93.

HAAS, Löb Götz, (1745-1808), Händler, S 1/256, Rep. 550.

HÄBICH, Theodor, Widerstandsforscher, ca. 1933-1960, S 1/98, Rep. 492.

HAGEN, Familie, ungeordnet, S 1/175.
1. Bernhard H., (1835-1919), Museumsdirektor.
2. Anna Hagen-Treichel, (1874-1971), Schriftstellerin.

HANCKE, Friedrich Wilhelm, Architekt, ca. 1791-1864, S 1/2.

HARRIS, Leopold, Geschwerkschafter, 1803-1960, S 1/18.

HASSELHORST, Johann Heinrich, (1825-1904), Kunstmaler, ungeordnet, S 1/188.

HAUCK, Heinrich, (1890-1964), Bankier, ungeordnet, S 1/127.

HAUSMANN, Friedrich Christoph, (1860-1936), Bildhauer, ungeordnet, S 1/244.

HAYNER, Familie, ungeordnet, S 1/121.

HEHNER, Karl, (1809-1880), Abgeordneter der Paulskirche, ungeordnet, S 1/191.

HEIDENHOEFER, Peter, ungeordnet, S 1/219.

HEIMPEL, Familie, ungeordnet, Depositum, S 1/161.

HELLMUTH, Karl August, (geb. 1803), ungeordnet, S 1/238.

HERFORTH, Kunstgärtnerfamilie, ca. 1772-1838, S 1/99.
1. Johann Christian H.
2. Georg Ludwig H.
3. Noe H.

HEUSER, Heinrich, Genealoge, ungeordnet, S 1/174.

HEYM, Heinrich, Journalist, ca. 1923-1975, Depositum, S 1/97, Rep. 493.

HEYSE, Walter, NS-Politiker, ca. 1927-1936, S 1/126.

HIRSCH, Albert, Lehrer, 1938 Nov. - Dez., S 1/34.

HODGES (HODGINI), Joseph Harry, (1865-1950), Künstler, ungeordnet, S 1/236.

HÖPFNER, Ludwig, Stadtverordneter in Höchst, ca. 1905-1923, ungeordnet, S 1/65.

B S 1

HOFFMANN, Heinrich, Struwelpeter-Hoffmann, ca. 1842-1908, S 1/8.

HOFMANN, Ferdinand, ca. 1917-1945, S 1/151.

HOHMANN, Georg, Orthopäde, 1945-1956, S 1/192.

HOHMEYER, August, (geb. 1891), Schalttafelwärter, ungeordnet, S 1/143.

HOLLBACH, Wilhelm, Oberbürgermeister, 1945, ungeordnet, S 1/157.

HOLZHAUSEN, Georg VON, ungeordnet, S 1/246.

HOLZMANN, Philipp, Bauunternehmer, ungeordnet, S 1/95.

JUCHO, Friedrich Sigismund, (1805-1884), Jurist und Politiker, ungeordnet, S 1/253.

KÄMMERER, Heinrich, ungeordnet, S 1/140.

KÄMMERER, Otto, Steuerbevollmächtigter, ungeordnet, S 1/73.

KÄSSBACHER, Joseph Johann Georg, (geb. 1789), ungeordnet, S 1/181.

KANNGIESSER, Otto, (1836-1892), Journalist, ungeordnet, S 1/229.

KAROSS, Familie, ungeordnet, S 1/189.
1. Johann Jakob Franz K.
2. Gottlieb Friedrich K.

KAUPERT, Gustav, Bildhauer, ca. 1845-1897, S 1/7.

KEHRER, Gerd, Grafiker, (geb. 1939), ungeordnet, S 1/135.

KESSLER, Bankiersfamilie, 1815-1929, ungeordnet, S 1/125.

KIEFER, Karl, Genealoge, (1533)-1914, S 1/141, Rep. 475.

KIRCHNER, Familie, ungeordnet, S 1/105.
1. Georg Philipp K.
2. Konrad Maximilian K., 1809-1874, Schriftsteller.
3. Gustav K.

KIRCHNER, Karl, sozialdemokratischer Widerstandskämpfer, ca. 1936-1945, S 1/108.

KIRSCH, Bernhard, ungeordnet, S 1/107.

KISSEL, Rudolf, Dreher, (geb. 1918), ungeordnet, S 1/237.

KLEIN, Fischerfamilie, ungeordnet, S 1/228.

KLEINSTÜCK, Erwin, (1891-1974), Schriftsteller, ungeordnet, S 1/166.

KLIBANSKY, jüdische Familie, ca. 1872-1960, S 1/119.
1. Elias Meier K.
2. Aron K.
3. Erwin K.

KNOBLAUCH, Magdalene Henriette geb. STEITZ, (+1826), ungeordnet, S 1/10.

KÖHLER, Karl, (geb. 1900), Chauffeur, ungeordnet, S 1/230.

B S 1 KOLB, Walter, Oberbürgermeister 1948-1953, S 1/4.

KOTZENBERG, Karl, Vizepräsident der Industrie- und Handelskammer, ca. 1859-1925, S 1/5.

KRAPF, Familie, 1885-1935, ungeordnet, S 1/263.

KREBS, Friedrich, Oberbürgermeister, (1515)-1965, S 1/50, Rep. 581.

KUNZ, Wilhelm, AG Westend, 1968-1971, S 1/257.

LACROIX, Eugen René, (1886-1964), Fabrikant, ungeordnet, S 1/218.

LANG, Daniel, (geb. 1899), Elektrotechniker, ungeordnet, S 1/232.

LAUINGER, Artur, Wirtschaftsjournalist, ca. 1917-1961, S 1/48.

LAUNITZ, Nikolaus Karl Eduard VON DER, (1791-1869), Bildhauer, ungeordnet, S 1/80.

LEHMANN, Woldemar, ungeordnet, Depositum, S 1/251.

LEONHARDI, Johann Peter FREIHERR VON, Einundfünfziger, 17. - 19. Jh., S 1/165, Rep. 272.

LERNER, Theodor, Polarforscher, ca. 1897-1937, S 1/69.

LERSNER, Familie VON, (13. Jh.) - 1749, S 1/136, Rep. 582.
1. Achilles August vL., Chronist.
2. Georg August vL., Chronist.

LESER, Familie, 1899-1956, Rep. 607, S 1/261.
1. Paul L., Ethnologe, 1899-1984.
2. Dr. Wilhelm L., 1899-1913, Oberlandesgerichtsrat.

LINDLEY, William Heerlein, 1853-1918, Baudirektor, ungeordnet, S 1/186.

LISMANN, Hermann, Maler, ungeordnet, Depositum, S 1/81.

LOREY, Wilhelm, (1873-1955), Mathematikhistoriker, ungeordnet, S 1/63.

LOY, Hedwig, Inhaberin der Westendapotheke, 1855 - nach 1955, ungeordnet, S 1/264.

LUDWIG, ungeordnet, S 1/194.

LÜBBECKE, Friedrich, (1883-1965), "Altstadtvater", ungeordnet, S 1/172.

LULEY, Karl, (1887-1966), Schauspieler, ungeordnet, S 1/94.

LUTHER, Johann Nikolaus, (1732-1805), Ratsherr, ungeordnet, S 1/182.

LUTHMER, Ferdinand, (1842-1921), Museumsdirektor, ungeordnet, S 1/46.

MAHR, Georg, (1889-1967), Bildhauer, Maler, ungeordnet, S 1/54.

MAIER, Hermann, (1855-1925), Bankier, ungeordnet, S 1/43.

MAJER, Paul, (1887-1983), Jurist, ungeordnet, S 1/223.

B S 1 MALAPERT, Philipp VON, (+1888), Jung S. 219: XVIII R, S 1/265.

MAPPES, Heinrich Karl, (1845-1913), Konsul, ungeordnet, S 1/179.

MASNER, Daniel, ungeordnet, S 1/222.

MAYER, Familie aus Bockenheim, ca. 1771-1890, S 1/88.
1. Wilhelm M., Soldat.
2. Karl M., Spengler.
3. Anton M., Schreiner.

MEHS, Klaus, Architekt, ca. 1887-1961, S 1/44.

MEINERT, Hermann, (geb. 1894), Archivar, ungeordnet, S 1/70.

MEISSNER, Hans, Generalintendant der Städtischen Bühnen, ca. 1919-1945, ungeordnet, S 1/245.

MENTZEL, Elisabeth, Schriftstellerin, 1802 ff., S 1/31.

MENZEL, Hermann, (geb. 1889), Eisenbahner, CVJM, ungeordnet, S 1/231.

METZ, Franz, Sekretär des Deutschen Metallarbeiterverbandes, ca. 1933-1945, S 1/42.

MEUER, Adolph, Journalist, ca. 1632-1970, S 1/123.

MÖLLER, Gustav, Hilfsbund für christliches Liebeswerk im Orient, 1906-1954, Depositum, S 1/15.

MORI, Gustav, Buchdrucker, ca. 1905-1962, S 1/152.

MÜLLER, Familie, Blumenhändler, ungeordnet, S 1/239.

MÜLLER, Bruno, Stadtrat, ca. 1944-1945, S 1/25.

MÜLLER, Samuel Gottlob, Senator, bis ca. 1868, S 1/23.

MUMM, Daniel Heinrich, Oberbürgermeister, ca. 1840-1896, S 1/254.

MUMM, Hermann Jakob Georg, 1835-1874, S 1/19.

NAHRGANG, Karl, (1899-1967), Leiter des Dreieichmuseums, S 1/67.

NORGALL, Elisabeth, (geb. 1887), Lehrerin, ungeordnet, S 1/74.

OBERLE, Karl, (1873-1939), Architekt im Hochbauamt, in Bearbeitung, S 1/262

OESER, Albert, (1878-1959), Wirtschaftsjournalist, ungeordnet, S 1/130.

PETRI, Christoph, Schultheiß in Eschersheim, ca. 1814-1854, S 1/86.

PFEIFFER, Konrad, Rudergesellschaft Germania, ca. 1897-1948, S 1/114.

PFEIFFER-BELLI, Wolfgang, (1899-1980), Literaturhistoriker, ungeordnet, S 1/129.

POELKE, Bruno, Ingenieur, ungeordnet, S 1/215.

POPOFF, Dimiter N., Vorsitzender der Deutsch-Bulgarischen Gesellschaft, S 1/176.

B S 1 POPPE, Familie, ungeordnet, S 1/45.
1. Adolph P.
2. Lina P. (+1963), Musikerin.

PORCELLI, Baron, ungeordnet, S 1/164.

PRATOBEVERA, Adolf FREIHERR VON, Präsident der Bundeszentralbehörde zu Frankfurt, 1838-1875, S 1/28.

PREITZ, ungeordnet, S 1/208.

PREITZ, Max, (1885-1971), Literaturhistoriker, ungeordnet, S 1/59.

PRINTZ, Familie, ungeordnet, S 1/217.

PÜRNER, Maria, Lehrerin, 1931-1936, S 1/47.

QUARCK, Max, sozialdemokratischer Politiker, ca. 1889-1907, S 1/77, Rep. 554.

QUARCK-HAMMERSCHLAG, Meta, (+1954), Sozialpolitikerin, ungeordnet, S 1/241.

QUINT, Familie, ca. 1850-1971, S 1/150, Rep. 553.
1. Oskar Q.
2. Sofie Q. geb. Ulrich.
3. Sofie Q. geb. Reichold.
4. Franz Oskar Q.
5. Franz und Eva Reichold.
6. Heinrich und Helene Q.
7. Nelly Q. geb. Brick.
8. Heinz Q.

REINEMANN, Otto, Vorsitzender des Frankfurter Jugendrings, ungeordnet, S 1/96.

REINGANUM, Maximilian, Politiker, 1809-1899, S 1/258.

RINZ, Sebastian, Stadtgärtner, ca. 1782-1811, S 1/210.

RITTER, Hermann, Architekt, 1870-1918, S 1/37.

RÖHMEYER, Theodor, Musiker, ca. 1848-1931, S 1/71.

RÖSSLER, Familie, ca. 1836-1937, S 1/6.
1. Heinrich R., Chemiker, Sozialpolitiker.
2. Fritz R., Chemiker.
3. Anhang.

ROTHSCHILD, Bankiersfamilie, 1800-1822, S 1/53.

RÜHL, Friedrich Wilhelm Gottlieb, Fuhrunternehmer, 1820-1922, S 1/13.

RÜNZE, Wilhelm, (1887-1972), Kunstmaler, ungeordnet, S 1/111.

RÜPPELL, Simon Eduard, (1791-1863), Forschungsreisender, ungeordnet, S 1/145.

RUMPF, Anton, Bildhauer, ca. 1875-1880, S 1/146.

RUPPERSBERG, Otto, Archivar, 1877-1950, S 1/40.

B S 1 SAUER, Wilhelm, (1888-1955), Maler, ungeordnet, S 1/226.

SAUERWEIN, Wilhelm, Schriftsteller, ca. 1834-1844, S 1/249.

SCHACK, Familie, 1881-1949, Depositum, S 1/124.
1. Karl S., Turner.
2. Julius S., Turner.
3. Max S., Turner.

SCHÄFFER, August Friedrich, (1807-1871), Lehrer, ungeordnet, S 1/106.

SCHAUB, Hermann, (1900-1961), Sozialpolitiker, ungeordnet, S 1/212.

SCHENCK, Johann Karl, (1831-1910), Erzieher, ungeordnet, S 1/220.

SCHEUERMANN, Johann Adam, (geb. 1799), Kunstgärtner, ungeordnet, S 1/198.

SCHIEMANN, Agnes, 1915 Mai - 1916 Nov., S 1/201.

SCHIFF, Jakob Hermann, Dichter, 1834-1950, S 1/78.

SCHLEUSSNER, Karl Adolf, Journalist, ca. 1923-1966, Depositum, S 1/58, Rep. 489.

SCHMIDT, Albrecht, (1864-1945), Chemiker, ungeordnet, S 1/51.

SCHMIDT-SCHARFF, Hermann, Architekt, Genealoge, um 1300-1984, Depositum, Rep. 605, S 1/259.

SCHMUDE, Alfred, Stadtrat, 1918-1931, S 1/16.

SCHWAGER, Wilhelm, aus Eschersheim, ca. 1713-1879, S 1/87.

SCHWEMER, Richard, Historiker, 1891-1925, S 1/122.

SEIFFERT, Familie aus Eschersheim, ca. 1771-1890, S 1/89.
1. Johann Adam S.
2. Heinrich S.

SIEDENTOPF, Familie, ungeordnet, S 1/159.

SOSSENHEIMER, Adam, (geb. 1792), ungeordnet, S 1/204.

SOUCHAY, Eduard Franz, Senator, ca. 1830-1871, S 1/234.

SPEYER, Familie, ca. 1546-1907, S 1/120.
1. Karl Wilhelm Wolfgang S., Komponist.
2. Otto Wolfgang S., Polizist.

SPIER, Selmar, Rechtsanwalt, 1933-1935, S 1/32.

STAMM, Otto, (1915-1979), Historiker, ungeordnet, S 1/134.

STARCK, Ferdinand Maximilian, Jurist, Archivar, 1306-1849, S 1/17.

STEIN, Philipp, Stadtrat, 1902-1905, S 1/35.

STEITZ, Familie, ca. 1684-1836, S 1/171.

STEITZ, Georg VON, Staatsrat, ca. 1751-1817, S 1/9.

STEPHAN, Karl Johann, Spengler, ca. 1837-1909, Depositum, S 1/85.

B S 1

STERN, Georg Michael, Brauereidirektor, ca. 1861-1900, Depositum, S 1/12.

STOCK, Karl, (1876-1945), Bildhauer, ungeordnet, S 1/84.

STOLTZE, Adolf, Schriftsteller, ca. 1868-1962, S 1/68, Rep. 536; jetzt StUB.

STOLTZE, Friedrich und Adolf, Schriftsteller, S 1/82, jetzt StUB.

STRAUCH, Hermann, Jurist, ca. 1822-1870, S 1/41.

STRÜCKMEIER, Rudolf, SA-Mann, ungeordnet, S 1/109.

STUMPF-BRENTANO, Karl Friedrich, Historiker, ca. 1851-1870, S 1/128.

SULZBACH, Emil, 1930-1931, S 1/216.

TESCH, ungeordnet, S 1/248.
1. Richard T.
2. Johanna T.

TROST, Familie, ungeordnet, S 1/187.
1. Gottfried Bernhard T.
2. Kaspar T.

ÜBERFELD, Johann Wilhelm, 1659-1731, und CAMPAGNE, Carl Joseph VON, vor 1791 - ca. 1833, S 1/266, Rep. 609.

ULLRICH, Familie, ca. 1886-1946, S 1/92.
1. Minna U., Stadtarchivsekretärin.
2. Eltern und Geschwister.

USENER, Familie, ungeordnet, S 1/185.
1. Justus Wilhelm U., (1772-1835).
2. Sophie Margarete U.
3. Amalie Elisabeth U.
4. Georg Christoph U.
5. Eleonore Wilhelmine U.

VALENTIN, Familie, 1855-1943, S 1/1.
1. Veit V.
2. Karoline V., Musikhistorikerin.
3. Veit V. d. J., Historiker.

WAGNER, Johann Philipp, (1799-1879), Physiker, ungeordnet, S 1/110.

WAGNER, Karl, (1886-1966), Bildhauer, ungeordnet, S 1/103.

WEBER, ca. 1949-1976, S 1/173.

WEBER, Walter, (1876-1972), Ingenieur, ungeordnet, S 1/224.

WEIDENBUSCH, Therese, S 1/193.

WEIDNER, Familie, ca. 1942-1944, S 1/252.

WEINSPERGER, Architektenfamilie, ca. 1810-1915, S 1/66.

WEIZSÄCKER, Heinrich, ungeordnet, S 1/76.

WERTHEIMER, Familie, ca. 1826-1892, S 1/100.

B S 1 WIDMANN, Benedikt, (1820-1910), Musiklehrer, Schriftsteller, ungeordnet, S 1/102.

WINTER, Erich, Staatswissenschaftler, ungeordnet, S 1/178.

WITTEKIND, Anton Maria, Kaufmann, Politiker, ca. 1805-1847, S 1/113.

WOLFF, Friedrich Joseph, ca. 1940-1947, S 1/62.

WORMS, Daniel August, (+1926), Aktuar der israelitischen Gemeinde, ungeordnet, S 1/33.

ZIEHEN, Eduard, Lehrer, 1923-1945, S 1/61.

ZIEHEN, Julius, Stadtrat, ca. 1864-1967, S 1/153.

ZIMMERIUS, Adolf, Gaswerksdirektor, ca. 1850-1891, S 1/117.

S 2-**Personen**

Sammlung von biographischen Kleinschriften (Gelegenheitsschriften, Zeitungsausschnitte, Nekrologe u.ä.) über einzelne Persönlichkeiten und Familien, gelegentlich Nachlaßsplitter (z.B. genealogische Familiensachen, Personalpapiere) und Autographen. Vorwiegend 19. - 20. Jh., K.

S 3-**Ortsgeschichte**

Sammlung von Kleinschriften, bes. Zeitungsausschnitten, zur Ortsgeschichte. 19. - 20. Jh., K.

A Zeitgeschehen
B Länder
C Städte
D Vororte
E Ortsbezirke
F Straßen
G Häuser
H Kirchen und -gemeinden
I Brücken
K Denkmäler
L Amtsstellen
M Schulen
N Institute
O Parteien
P Vereine
Q Wirtschaft
R Firmen
S Verkehr
T Veranstaltungen
U Militärwesen
V Varia

B S 4-Einzelstücke

Sammlung von Einzelstücken, die anderen Beständen nicht zugeordnet werden können.

S 4a - Urkunden Nr. 1-294, 1477-1967, numerische K.

S 4b - Autographen Nr. 1-447, 1130-1982, K.

S 4c - Akten Nr. 1-120, 1837-1970, numerische K.

S 4d - Bücher Nr. 1-108, 1340-1979, numerische K.

S 4e - Leichenpredigten Nr. 1-160, ca. 1580-1803, K.

S 4f - Hochzeitscarmina Nr. 1-17, 1667-1768, K.

S 4g - Sammlung Rara, 19.-20 Jh., Benutzungsbeschränkung.

S 5-**Chroniken** Nr. 1-405

Sammlung chronikalischer Schriften, sogenanntes Zeugenschrifttum: Annalen, Tagebücher, Erlebnisberichte, Memoiren, Denkschriften. Grundlage ist der - bereinigte - alte Bestand "Chroniken" (Jung, S. 185-190: XVIII A Nr. 1-78), numerische K.

S 5/1 Annales Reipublicae Francofurtensis 1571-1698.

2 RASOR, WALDSCHMIDT und SCHNEIDER, Archivare: Annalen 1694-1709.

3 FAUST VON ASCHAFFENBURG, Johann Friedrich: Der Statt Franckfurt und des Raths Sachen und Notabilia. Anfang 17. Jh.

4 SCHILE, Adam, Stadtschreiber: Chronica Franckofurtensis, Teil I (1034-1399).

5 Dito, Teil II (1400-1499).

6 Dito, Teil III (1500-1597).

7 Kollektaneen zur Frankfurter und Reichsgeschichte bis gegen 1700, aus dem Besitz des Philipp Ludwig AUTHAEUS.

8 AUTHAEUS, Philipp Ludwig: Manuscriptum historiae religionis 1517-1617.

9 LATOMUS, Johannes, (+1598): Genealogia fundatorum St. Bartholomaei.

10 Frankfurter Chroniken und Verzeichnisse der Schultheißen, Bürgermeister und Prediger, 17. Jh.

11 LATOMUS, Johannes, (+1598): Chronicon Francofurtanum et Moguntinum. Dabei: Limburger Chronik.

12 FAUST VON ASCHAFFENBURG, Maximilian: Frankfurter Chronik. Ca. 1624.

13-15 Kollektaneen zur Frankfurter Geschichte (14. - 16. Jh.) aus Beständen des Stadtarchivs durch einen Unbekannten (Registrator PALTHERRIUS?), um 1625-1632.

B

S 5/16 HEYL, Joh. Peter (1671-1699) und SPRÜCKMANN, Jost Henrich (1689-1755, 1780): Tagebücher.

17 MANGON, Abraham: Kollektaneen, bes. zum Fettmilchaufstand. 18. Jh.

18 LEONHARDI, Johann Peter: Frankfurter Geschichte 1509-1799, Zeittafeln meist über Ratsverordnungen.

19 Hausbuch der Bäckermeister Arndt DIETRICH und Dietrich STARK (1721-1781).

20 KAIB, Joh. Balthasar, Schöffe: Ausgabenbuch 1686-1695.

21 Chronik des Schumacher-Handwerks, ca. 1500-1801.

22 SCHÖNEMANN, Mimi: Tagebuchblätter über die letzten Tage der französischen Herrschaft im Oktober 1813.

23 FAUST VON ASCHAFFENBURG, Joh. Friedrich: Notabilia. Vgl. oben Nr. 3, unvollständige Abschrift. Anfang 19. Jh. Alte Signatur: Chroniken 3a.

24 Alphabetische Notizen eines Unbekannten, besonders über Frankfurter Familien und städtische Verhältnisse, 16. - 17. Jh. Alte Signatur: Chroniken 3b.

25 Fragment einer Frankfurter Chronik, ca. 1612, mit Zusätzen von Joh. Maximilian ZUM JUNGEN. Alte Signatur: Chroniken 12a.

26 FAUST VON ASCHAFFENBURG, Friedrich: Bürgermeisteramt und Bürgermeisterliste mit Wappen, Farben und Devisen (1311-1619). Alte Signatur: Chroniken 12b.

27 ZUM LAMB, Hieronymus: Belagerungschronik 1552, Abschrift des 18. Jhs. Alte Signatur: Chroniken 41a.

28 MÜLLER, Peter: Tagebuch 1573-1633, Abschrift mit Nachträgen von HEUSER. Alte Signatur: Chroniken 43a.

29 RÜCKER, Johann Christoph: Chronik 1765-1774.

30 SAGITTARIUS, Kaspar: Historia Franckenfurtensis bis 1664, mit anonymen Nachträgen. Alte Signatur: Chroniken 49a.

31 LATOMUS, Johannes (+1598): Acta aliquot vetustiora etc.

32 ZUM JUNGEN, Hans Heinrich (+1640), und FLECKHAMMER VON AYSTETTEN, Philipp Jakob (+1662): Familienchronik 1633-1662. Alte Signatur: Chroniken 70a.

33 OCHS, Johann Georg: Chronik 1699-1713.

34 Sammlung von Ratsedikten, Instruktionen etc. zur Geschichte der 1. Hälfte des 18. Jhs.

35 Sammlung von Akten und Aktenauszügen zur Geschichte meist des 16. und 17. Jhs.

36 WALTHER, Johann Friedrich: Aufzeichnungen 1719-1733.

37 Deutsche Annalen der Stadt Frankfurt 1306-1343, ca. 1550.

B S 5/38 VOM RHEIN, Heinrich: Alte fablen und historien. Aus dem Besitz des Heinrich KELLNER.

39 Job RORBACH: Tagebuch 1494-1502.

40 LATOMUS, Johannes (+1598): Acta aliquot vetustiora. (Vgl. o. Nr. 31). Sog. Schlossersche Handschrift.

41 ZUM LAMB, Hieronymus: Belagerungschronik 1552. Abschrift 17. Jh. Vgl. o. Nr. 27.

42 SCHURG, Philipp: Kollektaneen, Buch I.

43 MÜLLER, Peter: Tagebuch 1573-1633. Vgl. o. Nr. 28.

44 FRITZ, Nicolaus: Kleine Frankfurter Hauschronik 1678-1719.

45 RASOR, Kaspar Gabriel: Chronik 1619-1620.

46 FAUST VON ASCHAFFENBURG, J.F.: Geschlechterchronica, nach dem 1627 abgeschriebenen und fortgesetzten Exemplar des Hans Hektor FAUST VON ASCHAFFENBURG.

47 MÜHL, Joh. Christian: ALLEINTZsche Familenchronik, 1729.

48 RORBACH, Bernhard: Stirps RORBACH.

49 SAGITTARIUS, Kaspar: Historia Franckenfurtensis bis 1664. Vgl. o. Nr. 30.

50 Kleine Begebenheiten in Frankfurt 1751-1799. Aus dem Nachlaß von Georg VON STEITZ.

51 STEITZ, Georg VON: Ereignisse in Frankfurt 1746-1788.

52 Brückenauer Kollegzeitung 1833-1834.

53 UFFENBACH, Nikolaus VON: Einnahmen- und Ausgabenbuch 1732-1736.

54 Wie Nr. 52, Abschrift 1976. Alte Signatur: Chroniken 52a.

55 Zusammenstellung eines Geistlichen über Lebensdaten Frankfurter Patrizier, Geistlicher, deutscher Schulmeister u.a., 1713-1719. Aus dem Besitz von Z.K. VON UFFENBACH.

56 MÜNCH, Joh. Philipp: Lebensmemorial 1663-1695.

57 PERGEN, Graf, kaiserlicher Kommissär: Berichte aus Frankfurt 1756-1763. Abschrift Harry GERBER, ca. 1938.

58 FREYTAG, VON, preußischer Resident: Berichte aus Frankfurt 1757. Abschrift Harry GERBER, ca. 1938.

59 MORITZ, dänischer Legationsrat: Berichte aus Frankfurt 1756-1763. Abschrift Harry GERBER, ca. 1938.

60 Chronik der Stadt 718-1705 mit Verzeichnissen der Prediger, Ratsherrn, Schultheissen und Syndiker. Anonym, 1703 (!).

61 SANDRART, David, Goldarbeiter: privates und geschäftliches Tagebuch 1768-1769.

62 FINGER, Lorenz Friedrich: Chronik 1766-1782.

B

S 5/63 Frankfurter Chronik 753-1705, anonym, mit Nachträgen bis 1788.

64 RIEGELBAUER, Georg: Familienchronik 1710-1753.

65 KRAMER, Kaspar, Zöllner, nebst Witwe und Sohn: Familienchronik und Haushaltungsbuch 1683 - ca. 1720.

66 WALDSCHMIDT, J.M.: Chronicon der ... Statt Franckfurt am Mayn. Ca. 1700.

67 Aufzeichnungen 1792-1797.

68 ENGELHARD, Joh. Anton: Aufzeichnungen über die Ereignisse der Jahre 1792-1811.

69 STETTEN, Joh. Christoph VON: Begebenheiten 1684-1709 und Ratswahlen und Ämterbesetzungen 1633-1700.

70 ZUM JUNGEN, Hans Heinrich: Kurze Notizen zur Stadtgeschichte 774-1586, Verzeichnisse der Bürgermeister, Geschlechter, Stubenmeister u.a. auf Alt-Limpurg, der Prädikanten bis 1641.

71 Anonyme Aufzeichnungen über Frankfurter Ereignisse 1812-1819.

72 Desgl. 1813-1817.

73 UNKELHAEUSER, Andreas, großherzoglich frankfurtischer Oberstleutnant: Tagebuch über die Belagerung von Glogau, 1813 Aug. 17 - 1814 Jan. 22, Abschrift.

74 FAUST VON ASCHAFFENBURG, Maximilian: Frankfurter Chronik, nach 1638 gefertigte Abschrift des Joh. Maximilian ZUM JUNGEN, abweichend von Nr. 12.

75 Notabilia de hac urbe Francofurt 1339-1614.

76 Collectanea von der Statt Franckfurth 774-1612, ca. 1625.

77 Anonyme Aufzeichnungen über die Jahre 1672-1693.

78 Desgl. 1695-1700.

79 KOCH, Heinrich, aus Einbeck, (1610-1684): Familienchronik.

80 KOCH, Joh. Heinrich, geb. 1643 in Frankfurt, später Oberamtmann in Winsen, Sohn des Heinrich K.: Familienchronik. Alte Signatur: Chroniken 79a.

81 Chronik über Ereignisse in Frankfurt am Main 1766-1771.

82 POPPE, Thomas, Buchdrucker: Aufzeichnungen 1707-1727.

83 LERSNER, Philipp Nikolaus: Tagebuch 1667-1727 (Abschrift).

84 BEHAGEL, Isaak: Stammbuch des Behagelischen Geschlechts (1577) 1712-1744, Nachträge bis 1883.

85 SCHMIDT, Max, Direktor des Zoologischen Gartens: Erinnerungen 1834-1852.

86 Geschriebene Frankfurter Chronik, 1718 Apr. 4.

87 Acta ecclesiastico-politica Francofurtensia 1654.

B

S 5/88 TRIMBORN: Tagebuch 1848-1850.

89 Kunkelscher Männergesangsverein: Protokollbuch 1857-1913, mit Beilagen bis 1932. Alte Signatur: Chroniken 114.

90 BECKER, Julius: 100 Jahre Gas in Frankfurt am Main, 1928.

91 KULICKE, Gustav: Meine Erlebnisse beim deutschen Kriegsheere im Weltkriege 1914/18, 1935.

92 EMDEN, Jakob, Arzt (1796-1860): Studentenstammbuch (Würzburg, Göttingen, Berlin), 1814-1824.

93 Gangesgesellschaft: Protokolle (Vedas der Tutti Frutti) Bd. 1, 1840-1841.

94 Dito, Bd. 2, 1841-1843. Alte Signatur: Chroniken 93aa.

95 Dito, Bd. 3, 1843-1845. Alte Signatur: Chroniken 93ab.

96 KÜBEL, Johannes: Erinnerungen 1873-1945, 1953, Fotokopie. Alte Signatur: Chroniken 94.

97 Deutsche Frankfurter Chronik (774)-1628. Alte Signatur: Chroniken 95.

98 (Lückenhafte) Verzeichnisse der a. Stuben- und Baumeister der Gesellschaft Alt-Limburg 1465-1630, b. Pfleger der Rosenberger Einung 1596-1619, c. Ratsherren auf dem Roßzoll 1511-1616, d. Ratsherren auf den Rentkisten 1550-1619, e. Schützenmeister 1467-1619, f. Bauherren 1577-1618, g. Kastenherren 1482/1583, h. Ratsherren 1383/1629, i. Bedeherren 1378-1619, k. Rechenherren 1486-1619, l. Schultheißen und Schöffen 1357-1629, m. Bürgermeister 1338-1631. Alte Signatur: Chroniken 96.

99 SENCKENBERG, Johann Christian: Tagebuch I, 1747-1754. Alte Signatur: Chroniken 54.

100 Dito, II, 1755-1772. Alte Signatur: Chroniken 54.

101 UNKELHAEUSER, Georg, großherzoglich frankfurtischer Unterleutnant: Tagebuch über den Feldzug in Deutschland 1813, die Belagerung von Glogau 1813/1814 und den Feldzug in Frankreich 1814. Abschrift. Alte Signatur: Chroniken 73b.

102 GLAUBURG, Johann Hieronymus VON: Reisetagebuch 1673-1678. Alte Signatur: Chroniken 80.

103 WORINGER: Parade im Zollhof; Fürstentag zu Frankfurt 1863. Alte Signatur: Chroniken 97.

104/105 DEMUTH, Christian: Frankfurt am Main um die Wende der 50er und 60er Jahre des vorigen Jhs. Abschrift 20. Jh. Alte Signatur: Chroniken 98.

106 MÜLLER, Lina (geb. 1842): Jugenderinnerungen. Alte Signatur: Chroniken 99.

107 SCHMIDT, Paul: Meine Erlebnisse in Sibirien 1915-1920. Alte Signatur: Chroniken 100.

108 Frankfurter Gymnasialverein Arminia: Chronik 1862-1863. Alte Signatur: Chroniken 102.

B S 5/109/110 Frankfurter Gymnasialverein Arminia: Kneipzeitung "Der Fortschritt" 1863 Juni, 1865 März. Alte Signatur: Chroniken 103.

111-113 VEIDT, Karl, Pfarrer: Lebenserinnerungen 1879-1946, 3 Fassungen. Alte Signatur: Chroniken 105 a-c.

114 RÜCKERS, Nicolaus: Verzeichnis von Sterbefällen und Verheiratungen unter den Patriziern oder Geschlechtern, 1557-1624, Abschrift. Alte Signatur: Chroniken 106.

115 Chronik der Stadt Frankfurt am Main, Mitte 17. Jh. Alte Signatur: Chroniken 107.

116 VOIGT, Andreas: Revolutionstagebuch 1918/1919. Alte Signatur: Chroniken 108.

117 KREBS, Friedrich, Oberbürgermeister: Reden, Bd. 1, 1933-1935. Alte Signatur: Chroniken 109.

118 Dito, Bd. 2, 1935-1936.

119 Dito, Bd. 3, 1936-1937.

120 Dito, Bd. 4, 1937-1938.

121 Dito, Bd. 5, 1938-1939.

122 Dito, Bd. 6, 1939-1940.

123 Dito, Bd. 7, 1941-1942.

124 Dito, Bd. 8, 1942-1943.

125 Dito, Widmungsexemplar mit Zeitbildern, aus dem Nachlaß KREBS, Bd. 1, 1933-1935. Alte Signatur: Chroniken 109a.

126 Dito, Bd. 2, 1935-1936.

127 Dito, Bd. 3, 1936-1937.

128 Dito, Bd. 4, 1937-1938.

129 Dito, Bd. 5, 1938-1939.

130 Dito, Bd. 6, 1939-1940.

131 Dito, Bd. 7, 1940-1941.

132 Dito, Bd. 8, 1941-1942.

133 Dito, Bd. 9, 1942-1943.

134 Dito, Bd. 1, 1933-1935. Alte Signatur: Chroniken 109c.

135 Dito, Bd. 2, 1935-1936.

136 Dito, Bd. 3, 1936-1937.

137 Dito, Bd. 4, 1937-1938.

138 Dito, Bd. 5, 1938-1939.

139 Dito, Bd. 6, 1939-1940.

140 Dito, Bd. 7, 1940-1941.

B

S 5/141 KREBS, Friedrich: Reden, Bd. 8, 1941-1942.

142 Dito, Bd. 9, 1942-1943.

143 Chronik der Firma Gebr. RÖVER, Färberei, Chemische Reinigungswerke, Frankfurt am Main-Niederrad, ca. 1960. Fotokopie. Alte Signatur: Chroniken 216.

144 WURTH VON WÜRTHENAU, Major, Kriegsbilder des Frankfurter Landesschützenbataillons V/IX vom Polenfeldzug 1939. Alte Signatur: Chroniken 111.

145/146 EDINGER, Ludwig: Lebenserinnerungen 1855-1918, Fotokopie. Alte Signatur: Chroniken 112.

147 LEUCHTWEIS, Heinrich Ludwig Carl: Francofurtencia [!] von 142 -1889. Alte Signatur: Chroniken 89 I-III. 1. Bd.

148 Dito, 2. Bd.

149 Dito, Ergänzungsband.

150 HAMMERAN, Otfried: Kriegstagebücher. Alte Signatur: Chroniken 115. 1. Teil, 1914-1916.

151 Dito, 2. Teil, 1916-1918.

152 Dito, 3. Teil, 1918-1919.

153 SCHMIDT-SCHARFF, [Wolfgang]: Aus der Franzosenzeit 1920. Eine Verteidigung vor dem französischen Kriegsgericht. Alte Signatur: Chroniken 116.

154 EPSTEIN, Jacob H.: Erinnerungen 1839-1919, Fotokopie. Alte Signatur: Chroniken 117.

155 Wiener Diarium. Nachrichten vom Wiener Hofe 1765/66, 1782-1785. Alte Signaturen: Sammlung HAEBERLIN; Chroniken 120.

156 Wochenberichte des Oberbürgermeisters an die Militärregierung (1945 Aug. 20 - 1946 Juni 24). Alte Signatur: Chroniken 121.

157 NEUBAUER, Friedrich (+1953, 1905-1926 Direktor des Lessinggymnasiums): Erfahrungen und Bekenntnisse. Ein Lebensbericht, zugleich ein Beitrag zur Schulgeschichte. 1947. Alte Signatur: Chroniken 122.

158 KREBS, Friedrich, Oberbürgermeister: Reden und Geleitworte 1940-1941. Alte Signatur: Chroniken 124.

159/160 MOOS, Julius: Kriegserinnerungen 1914-1916. Alte Signatur: Chroniken 125.

161 PIETZSCH, Georg Wilhelm (1844-1920, Lehrer an der Adlerflychtschule): Lebenserinnerungen, 1914. Alte Signatur: Chroniken 126.

162 KOBELT, Wilhelm: Tagebücher 1868-1916. Alte Signatur: Chroniken 127. Bd. 1, 1868-1874.

163 Dito, Bd. 2, 1874-1878.

B

S 5/164 KOBELT, Wilhelm: Tagebücher, Bd. 3, 1878-1885.

165 Dito, Bd. 4, 1885-1890.

166 Dito, Bd. 5, 1890-1894.

167 Dito, Bd. 6, 1894-1898.

168 Dito, Bd. 7, 1898-1900.

169 Dito, Bd. 8, 1900-1902.

170 Dito, Bd. 9, 1902-1904.

171 Dito, Bd. 10, 1904-1906.

172 Dito, Bd. 11, 1906-1907.

173 Dito, Bd. 12, 1907-1908.

174 Dito, Bd. 13, 1908-1909.

175 Dito, Bd. 14, 1909-1911.

176 Dito, Bd. 15, 1911.

177 Dito, Bd. 16, 1911-1913.

178 Dito, Bd. 17, 1913-1914.

179 Dito, Bd. 18, 1914-1915.

180 Dito, Bd. 19, 1915-1916.

181 HEY, B.: Frankfurt am Main-Schwanheim und Goldsteinsiedlung im Frühjahr 1945. 1955. Alte Signatur: Chroniken 128.

182 HEERDT, Meta: Erinnerungen. Eine Frankfurter Familie erlebt Hitler. 1957. Alte Signatur: Chroniken 129.

183 HAUSMANN, Dr.: Frankfurter, gestorben in Wien 1807-1866. Nach den Unterlagen im Stadtarchiv Wien. Um 1935. Alte Signatur: Chroniken 130.

184/185 BAAB, Heinrich, SS-Untersturmführer und Kriminalsekretär: Erinnerungen an die Zeit 1937-1945 in Frankfurt am Main. Zwei Exemplare. Alte Signaturen: Chroniken 131 und 131a.

186 Ehrenbuch sämtlicher im Weltkrieg 1914/1918 gefallener städtischer Bediensteter. 1936. Alte Signatur: Chroniken 132.

187 Lageberichte des Frankfurter Generalstaatsanwalts an den Reichsminister der Justiz 1940-1944. Fotokopie. Alte Signatur: Chroniken 133.

188 Frankfurter Verein zur Unterstützung deutscher Schulen im Ausland: Sitzungsberichte 1881-1921. Alte Signatur: Chroniken 135.

189 RUPPEL, Jost: Tagebuch 1777-1794. Abschrift von Heinrich HEUSER, 1947. Alte Signatur: Choniken 136.

190 Auszug aus GÄRTNERs "Annotationen" betr. Höchst. (1215-1832) 1833. Alte Signatur: Chroniken 137.

B

S 5/191 HESS, Rudolf: Kriegsaufzeichnungen 1939-1945. Alte Signatur: Chroniken 138.

192 MURPHY, William Walter, amerikanischer Generalkonsul: Berichte nach Washington 1865-1866. Zusammengestellt von M. STERNE. Vor 1955. Alte Signatur: Chroniken 139. Bd. 1, Fotokopie.

193 Dito, Bd. 2, Abschriften.

194 DRÜNER, Hans: Frankfurter Kriegstagebuch der Zeitgeschichtlichen Abteilung des Stadtarchivs Frankfurt am Main von 1939-1945. Alte Signatur: Chroniken 140. Bd. 1, 1939.

195 Dito, Bd. 2, 1940.

196 Dito, Bd. 3, 1941.

197 Dito, Bd. 4, 1942.

198 Dito, Bd. 5, 1943.

199 Dito, Bd. 6, 1944/1945.

200 SCHWALBACH, Otto: Kriegstagebuch 1914-1919. Alte Signatur: Chroniken 141. Bd. 1, 1914-1915.

201 Dito, Bd. 2, 1915.

202 Dito, Bd. 3, 1916.

203 Dito, Bd. 4, 1916-1917.

204 Dito, Bd. 5, 1917-1918.

205 Dito, Bd. 6, 1919.

206 SCHWALBACH, Hellmuth: Kriegstagebuch 1939. 1942. Alte Signatur: Chroniken 142.

207 Österreichische Gesandtschaftsberichte, bes. aus Frankfurt am Main, über den Deutschen Bund. 1865-1866. Zusammengestellt von M. STERNE, 1953. Alte Signatur: Chroniken 143.

208 Notizen über Truppendurchzüge 1746-1756. Druckbüchlein. Alte Signatur: Chroniken 144.

209 SAENGER, Sophie: Stammbuch. Widmungsblätter 1829-1831. Alte Signatur: Chroniken 145.

210 Chronik der Rudolf-[Volks]schule [am Hauptbahnhof] 1907-1943. Alte Signatur: Chroniken 146.

211 ZÖLLER, Lehnchen, aus Frankenthal: Paulskirchenstammbuch (demokratisch) 1848-1850. Alte Signatur: Chroniken 147.

212 Badebuch der Grebschen Badeanstalt am Leonhardstor 1854-1888. Alte Signatur: Chroniken 149.

213 GUAITA, Mathilde VON, geb. VON MUMM (+1890): Paulskirchenstammbuch. Fotokopie. Alte Signatur: Chroniken 150a.

214-216 Dito, Abschriften. Alte Signaturen: Chroniken 150 b-d.

B

S 5/217 Glauburgisches Kapitalbuch, 1679-1726. Alte Signatur: Chroniken 152.

218 SCHMID-HOLZMANN, Adolph: Tagebücher 1864-1871. Alte Signatur: Chroniken 153.

219 NASSAUER, Siegfried: Steine reden. Familienchroniken, alten Frankfurter Grabsteinen abgelauscht. O. J. Alte Signatur: Chroniken 154 Bd. 1-13. Bd. 1, Einleitung.

220-226 Dito, Bde. 2-8, Peterskirchhof.

227 Dito, Bd. 9, Sachsenhausen.

228-230 Dito, Bde. 10-12, Judenfriedhof.

231 Dito, Bd. 13, Anlagen.

232 Städtische Sachbedarfsverwaltung: Kriegstagebuch 1939-1945. Alte Signatur: Chroniken 155.

233 FRISCHBIER, Emil: Meine Erlebnisse als Stabsintendant und Leiter der Abt. IV des Frankfurter Ersatz-Verpflegungsmagazins im Zweiten Weltkrieg 1939-1945. 1961. Alte Signatur: Chroniken 156a.

234 Dito, Maschinenabschrift. Alte Signatur: Chroniken 156b.

235 MÜLLER, Bruno: Erlebnisse in den ersten Tagen der amerikanischen Besatzung. 1945. Alte Signatur: Chroniken 157.

236-238 HOCK, Sabine: Frankfurt 1939-1945. Augenzeugenberichte zu Kriegsbeginn, Zerstörung Frankfurts und Einmarsch der Amerikaner. 1985, Rep. 604. Alte Signatur: Chroniken 158.

239 HEERDT, Emma (geb. 1849): Erinnerungen. 1927. Alte Signatur: Chroniken 161.

240 FLUHRER, ...: Als Frankfurt noch vierspännig fuhr. Beschauliche Rückblicke eines 60-jährigen Frankfurters. Nach 1935. Alte Signatur: Chroniken 162.

241 BÜTSCHLI, August (1864-1928): Goetheplatz-Erinnerungen 1866-1893, 1918. Alte Signatur: Chroniken 163.

242 DERLAM, Theo: Aus dem Leben des letzten Altstadt-Baumeisters, 1958. Alte Signatur: Chroniken 164. 1. Bd.

243 Dito, Bildband I: Bauten 1925-1953.

244 Dito, Bildband II: Bauten ab 1953.

245 WENTZKE, Paul: Meine Kriegsgefangenschaft 1945. Fotokopie. Alte Signatur: Chroniken 165.

246/247 BRANDT, Alexander VON: Lebens- und Zeitbilder. 1958. Alte Signatur: Chroniken 166/1.

248 Ders.: Familiengeschichte VON BRANDT/FLENDER. 1946. Alte Signatur: Chroniken 166/2.

B S 5/249 HEILBRUNN, Ludwig, Stadtverordneter: Eine Lebensskizze 1870-1936. 1936. Für die Benutzung gesperrt. Alte Signatur: Chroniken 167.

250 Verein für Chemische Industrie Frankfurt am Main: Kriegsbriefe von Mitgliedern 1914-1918. Alte Signatur: Chroniken 168.

251 RUPPEL, Jost, aus Eschersheim: Tagebuch 1777-1794 (1821). Abschrift Heinrich HEUSER, 1947. Alte Signatur: Chroniken 169.

252 GEIGER-KULLMANN, Rosy (geb. 1886): Lebenserinnerungen. 1961. Alte Signatur: Chroniken 170.

253 GRIMM, Friedrich Melchior FREIHERR VON, Frankfurter Kommissar: Berichte aus Paris 1760. Fotokopie. Alte Signatur: Chroniken 171.

254 MOTTET, Sekretär der Handelskammer zu Lyon: Bericht über die Messen zu Frankfurt am Main und Leipzig. Spt./Okt. 1810. Fotokopie. Alte Signatur: Chroniken 172.

255-257 SCHOLZ, Lucy, geb. ALFENIUS: Tagebuch 1875-1912. Alte Signatur: Chroniken 173 Bd. 1-3.

258 KURTZ-VON STRUPOW, Elisabeth: Jelisaweta. Die Pilgerschaft einer russischen Seele, ihre Freuden und Irrfahrten. Erinnerungen 3. Teil 2. Buch (1933-1945). Alte Signatur: Chroniken 174.

259 HELFFERICH, Jakob Anton: Erinnerungen aus meinem Leben (1870-1922). 1910, mit Nachträgen. Alte Signatur: Chroniken 176.

260 REINSCH, Margarete: Heussenstammstiftung 1936-1941, eine Chronik in Gedichten. 1941. Alte Signatur: Chroniken 177.

261 Dito, 1936-1951. Ca. 1951. Alte Signatur: Chroniken 178.

262 MALSCH, Fritz: Erinnerungen 1890-1959. 1957-1959. Alte Signatur: Chroniken 179. Bd. 1: Jugend am Rhein, 1890-1918.

263 Dito, Bd. 2: Jahre der Arbeit, 1918-1959.

264 KATSCH, Kurt (KATZ, Isi): Erinnerungen 1893-1934. Alte Signatur: Chroniken 180.

265 Geschichte der Frankfurter SA (SA-Standarte 81), 1922-1925. 1936. Alte Signatur: Chroniken 181.

266 Zweites Nassauisches Feldartillerieregiment Nr. 63 "Frankfurt", 2. Abt.: Kriegstagebuch 1916-1918, Abschrift des Majors VON RECKOW. Alte Signatur: Chroniken 182. Bd. 1, Tagebuch 1916.

267 Dito, Bd. 2, Tagebuch 1917 I.

268 Dito, Bd. 3, Anlagen 1917 I.

269 Dito, Bd. 4, Tagebuch 1917 II.

270 Dito, Bd. 5, Tagebuch 1917 II (Teildoublette).

B S 5/271 Dito, Bd. 6, Anlagen 1917 II.

272 Dito, Bd. 7, Tagebuch 1918 I.

273 Dito, Bd. 8, Anlagen 1918 I.

274 Dito, Bd. 9, Tagebuch 1918 II.

275 Hauptbuch [über Einnahmen und Ausgaben] für [den Frankfurter Musikanten] David Joseph ECKHARDT, 1818. Alte Signatur: Chroniken 183.

276 ROSENBERGER geb. GOLDSCHMIDT, R.: Theresienstadt, wie ich es sah, 1944-1945. 1945. Alte Signatur: Chroniken 134.

277 GÜNDERRODE, Marie VON, (1821-1910): Stammbuch 1839-1851. Alte Signatur: Chroniken 185.

278 Die Sonderhausen-von Gläsernthal'sche Stiftung in Frankfurt am Main. Geschichte und Satzung. Frankfurt am Main 1934. Handschriftlich als Chronik fortgeführt von Bruno MÜLLER bis 1964. Alte Signatur: Chroniken 186.

279 MÜNCH geb. SIPF, Franziska: Familienbuch 1853-1943. Alte Signatur: Chroniken 187.

280 Reminiszenzen eines Frankfurters zu Fried LÜBBECKEs Buch "Alt -Frankfurt". Ca. 1919-1924. Alte Signatur: Chroniken 189.

281 KLÖTZER, Wolfgang: Frankfurt 1866. Dokumentation 1965/66. Alte Signatur: Chroniken 190.

282 Begriff von der Reichsstadt Franckfurth neuesten Regierungsverhältnissen im May 1769. Alte Signatur: Chroniken 191.

283 Bornheimer [evangelische] Pfarrprotokolle 1653-1813. Fotokopie. Alte Signatur: Chroniken 217.

284 KEMPER, Max: Aus meinem Leben. Erinnerungen 1885-1955. 1945/1955. Alte Signatur: Chroniken 194.

285 STOPPEL, Ludwig (Pfarrer): Chronik der Evangelischen Melanchthonkirche zu Frankfurt-Fechenheim 1901-1934. Fotokopie. Alte Signatur: Chroniken 195.

286 Frankfurter Quellen (1511-1553, z.T. 1944 zerstört) zur Biographie Matthias GRÜNEWALDs. Abschriften und Fotokopien. Alte Signatur: Chroniken 196.

287 KAYSER, Adolf (geb. 1850): Jugenderinnerungen (Auszug 1973). Alte Signatur: Chroniken 197.

288 JUNGHANS, F.W., Pfarrer, u.a.: Chronik der Pfarrei Preungesheim (Evangelische Kreuzgemeinde) 1892-1955. Fotokopie. Alte Signatur: Chroniken 198.

289 WEDEMANN, Franz: Rede zu Kaisers Geburtstag 1914, gehalten bei der Schulfeier des Kaiser Friedrich-Gymnasiums. Alte Signatur: Chroniken 199.

B

S 5/290 BLUM, Johann Lorenz: Evangelisch-Lutherisches Pfarrprotokoll Seckbach (1673) 1762-1792 (1886). Fotokopie. Alte Signatur: Chroniken 200.

291 Von der Kaiserwahl und Krönung LEOPOLDs II. Brieftagebuch des Feldschers der kursächsischen Schweizergarde, 1790. Alte Signatur: Chroniken 201.

292 NAGEL, Änne: Erinnerungen an die obere Zeil. Ca. 1908-1945. 1974. Alte Signatur: Chroniken 202.

293 KRÄMER, Karl: Der Untergang der Altstadt Frankfurt am Main, 1944 März. 1945. Alte Signatur: Chroniken 203.

294 AMBROSIUS, Gerhard, 1960-1972 CDU-Stadtverordneter, 1968-1972 ehrenamtlicher Stadtrat: Zwölf Jahre Rathaus. 1972. Alte Signatur: Chroniken 204.

295 FLACH, Louis: Aus meiner Jugendzeit (Frankforter Gebabbel). 1940. Depositum. Alte Signatur: Chroniken 205.

296 Ders.: Dialekt und Prosa Bd. 5, 1951. Depositum. Alte Signatur: Chroniken 206.

297 CHRISTEL, Albert: Was wir vergeben, aber nicht vergessen sollen. Erinnerungen an das KZ Sachsenhausen. Nach 1945. Fotokopie. Alte Signatur: Chroniken 207.

298 DELKESKAMP, Otto: Ahnengeschichte der Familien DELKESKAMP-HEERDT, 1747/1778-1975. 1975. Alte Signatur: Chroniken 208.

299 Organisationsbüro Karl EICKE (Sparkommissar der Stadt Frankfurt am Main): Zeitungsausschnitte 1926-1933. Fotokopie. Alte Signatur: Chroniken 209. Bd. 1: 1926-1927.

300 Dito, Bd. 2: 1928-1933.

301 Als die Amis kamen. Erinnerungen an den Einmarsch der Amerikaner 1945. Leseraktion der Frankfurter Neuen Presse Feb./Apr. 1975. Fotokopie. Alte Signatur: Chroniken 210.

302 RIESE, Alexander: Jugenderinnerungen 1840-1861. 1918. Fotokopie. Alte Signatur: Chroniken 211.

303 Ders.: Familienbriefe an A.R. 1859-1806. Fotokopie. Alte Signatur: Chroniken 212.

304 EBEL, Familie, aus Lauterbach/Hessen: Familien- und Tagebuch 1823-1873. Dabei: Ernst EBEL: Kollegheft (Erbrecht), wahrscheinlich Heidelberg, um 1840. Alte Signatur: Chroniken 213.

305 WEIDENBUSCH, Therese: Erinnerungen einer Frankfurter Altstadtlehrerin 1907-1938. Um 1950. Alte Signaturen: Chroniken 214; 267.

306 MÜLLER-HAASS, Lieselotte: Süsser und Brezelchen. Eine Kindheit auf dem Römerberg. Um 1980. Alte Signatur: Chroniken 215.

307 LUPPE, Hermann, Bürgermeister: Mein Leben. Bd. 1, 1874-1920. Fotokopie. Alte Signatur: Chroniken 218 Teil 1-2. Teil 1.

B S 5/308 Dito, Teil 2.

309 Erinnerungen an Frankfurt. Aufgezeichnet im Blockadewinter 1948/49 von 50 Berliner Primanern der Dreilindenschule in Wannsee, OB Walter KOLB gewidmet. Alte Signatur: Chroniken 219.

310 125 Jahre Ed. MESSMER GmbH & Co. Frankfurt am Main. 1977. Alte Signatur: Chroniken 220.

311 SCHECKER, Joh. Moritz, Fischermeister, (1792-1849): Bemerkungen was wie vorgefallen ist. 1821-1849, Nachträge bis 1861. Alte Signatur: Chroniken 221.

312 GRUNELIUS, Johannes, aus Assenheim, (1604-1677): Tagebuch. Fotokopie. Alte Signatur: Chroniken 223.

313 Dito, Extrakt, und GRUNELIUS, Joh. Heinrich: Fortsetzung 1673 -1737. Fotokopie. Alte Signatur: Chroniken 224.

314 GRUNELIUS, Joh. Balthasar: Lebenslauf 1708-1744, Nachträge des Joachim Andreas G. bis 1823. Fotokopie. Alte Signatur: Chroniken 225.

315 KNIESSEL, Ludwig/JÄGER, Peter Christian und Joh. Georg: Tagebucheintragungen 1759-1823. Fotokopie. Alte Signatur: Chroniken 226.

316 JAEGER, Johannes, Metzgermeister: Geschäftsbuch 1818-1864. Fotokopie. Alte Signatur: Chroniken 227.

317 HARRIS-BRANDES, Johanna (+ ca. 1965 in den USA, Witwe des 1933 verst. Polizeipräsidenten Leopold HARRIS): Erinnerungen (Durch zwei Weltkriege. Was das alte Haus erzählt oder die Entkommenen). Alte Signatur: Chroniken 228.

318 SEIDEL, Erich: Stadtwalderinnerungen. Niedergeschrieben für das Forstamt 1979. Fotokopie. Alte Signatur: Chroniken 229.

319 OSTERMEYER, Margarete: Jugenderinnerungen ca. 1910-1920. Benutzungssperre! Alte Signatur: Chroniken 230.

320 MAIER, Max Hermann, Rechtsanwalt, Leiter der Jüdischen Auswanderungsstelle Frankfurt am Main, (1891-1976): Erinnerungen eines Achtzigjährigen. Ca. 1972. Alte Signatur: Chroniken 231.

321 STOLTZE, Adolf: Lebenserinnerungen. Fotokopie. Nur für den Dienstgebrauch! Alte Signatur: Chroniken 232.

322 BRAUMANN, Carl: Meine Nachkriegserinnerungen. 1945 - ca. 1950. Alte Signatur: Chroniken 233.

323 BERNHARD geb. THURNEISEN, Maria Elisabetha, aus Offenbach, (1757-1834): Tagebücher (Auszüge betr. Pflegetochter Maria Elisabetha gen. Lilli FUCHS, verheiratete D' ALBERT, 1780-1836). Abschrift. Fotokopie aus Nachlaß ITZEROTT. Alte Signatur: Chroniken 234.

B S 5/324 KANNGIESSER, Gustav, Journalist, (1844-1878): Lebenserinnerungen in poetischer Form. Fotokopie. Alte Signatur: Chroniken 235.

325/326 Ders.: Gedichte. 2 Bde. Alte Signatur: Chroniken 236 I-II.

327 QUARCK, Max: Lebenserinnerungen (Kindheit und Jugend in Rudolstadt, Leipzig, Jena und Berlin). Abschrift 1932, Fotokopie. Alte Signatur: Chroniken 237.

328 GROLMANN, Hildegard VON: Erinnerungen an die Revolution 1918 in Frankfurt am Main. Nur Nov. - Dez. 1918. Fotokopie. Alte Signatur: Chroniken 238.

329 SACHS-HELLMANN, Robert, (1887-1980): Frankfurter Zeitbilder. Lebenserinnerungen. Alte Signatur: Chroniken 239.

330 Farewell. Zeitung zum Kommers der "Großen 18". Abiturientenzeitung der Sachsenhäuser Oberrealschule. 1939. Kopie. Alte Signatur: Chroniken 240.

331 Opern- und Schauspielaufführungen in Frankfurt am Main 1899-1910, mit Besetzung. Aus dem Nachlaß Adolf STOLTZE. Alte Signatur: Chroniken 241.

332 SCHMIDT-POLEX, Melly: Lebensgeschichte der Emmy S.-P. (1884-1945). Alte Signatur: Chroniken 242.

333 Hausener [evangelisches] Pfarrprotokoll. Fotokopie. Alte Signatur: Chroniken 243. Teil 1, (1771) 1772-1805 (1933).

334 Dito, Teil 2, 1806-1820.

335 Dito, Teil 3, 1820-1895.

336 Hausener [evangelische] Pfarrerberichte 1824-1843. Fotokopie. Alte Signatur: Chroniken 244.

337 Hausener [evangelische] Kirchenvorstandsprotokolle 1828-1831, 1863-1910. Fotokopie. Alte Signatur: Chroniken 245.

338 Generalübersicht der [evangelischen] Gemeinde Hausen 1826-1828. Alte Signatur: Chroniken 246.

339 Chronik der Firma CORNEL. Ca. 1935. Fragment. Fotokopie. Alte Signatur: Chroniken 247.

340 SCHMIEDT geb. FUCHS, Luise Clementine, (1804-1886): Lebensbild einer Stillen im Lande. Kopie. Alte Signatur: Chroniken 248.

341 MARTIN, Guido/ANDRICH, Matthias: Ein Frankfurter Gymnasium [Musterschule] 1933-1935. Dokumentation aus den Quellen. 1981. Alte Signatur: Chroniken 249.

342 GENSICHEN, J.: Forsan et haec olim meminisse iuvabit. Erinnerungen an das Frankfurter Goethe-Gymnasium 1913. 1955. Alte Signatur: Chroniken 250.

B

S 5/343 WERMANN, Dr.: Im Vereinslazarett 215 "Feuerwache", Mörfelder Landstraße 124. Gedichte 1914-1918. Alte Signatur: Chroniken 251.

344 BECKH, Marie-Luise und Erika: Ahnen der Familie ANDREAE Frankfurt am Main. 2. Teil. 1982. Alte Signatur: Chroniken 252. Vgl. u. Nr. 347.

345 MÜLLER, Georg: Das Fischer- und Schiffer-Handwerk. Frankfurt am Main (Denkschrift). 1843. Alte Signatur: Chroniken 253.

346 SALLIS-FREUDENTHAL, Margarethe, (geb. 1893): Autobiographie. Vor 1977. Alte Signatur: Chroniken 254.

347 BECKH, Marie-Luise und Erika: Ahnen der Familie ANDREAE Frankfurt am Main. 1. Teil. 1981. Alte Signatur: Chroniken 255. Vgl. o. Nr. 344.

348 WEIDEMANN, Wilhelm, Bockenheim (1882-1971): Erinnerungen an früher. Alte Signatur: Chroniken 256.

349 WOLFFHARD, Hermann (1818-1879): Tagebuch 1839-1855. Alte Signatur: Chroniken 257.

350 MUMM VON SCHWARZENSTEIN, Alfons Philipp Freiherr, deutscher Botschafter in Tokio, (1859-1924): Kriegstagebuch 1914-1917. Alte Signatur: Chroniken 258 I-IV. Teil I, 1914/1915.

351 Dito, Teil II, 1915.

352 Dito, Teil III, 1910.

353 Dito, Teil IV, 1916/1917.

354 Dito, Doubletten.

355 Dito, Doubletten.

356 SOUCHAY, E.F., Schöffe, (1800-1872): Auszüge aus der (1944 verbrannten) Selbstbiographie. Abschrift 1935, Fotokopie. Alte Signatur: Chroniken 222.

357 JORDAN geb. BUHL, Seraphine: Tagebuch 1848-1851. Abschrift 1960. Alte Signatur: Chroniken 259.

358 CAILLE, Ilse: Das war Frankfurt. Erinnerungsalbum zum unzerstörten und zerstörten Frankfurt 1982. Alte Signatur: Chroniken 260.

359 MÜLLER-RAEMISCH, Baudirektor, Büro: Abbruch und Wiederaufbau der Hauptwache 1966-1968. Zeitungsdokumentation. Alte Signatur: Chroniken 261.

360 HEY, B.: Frankfurt am Main-Schwanheim und Goldsteinsiedlung im Frühjahr 1945. 1945. Alte Signatur: Chroniken 262.

361 MAURER, Wilhelm, Zeichenlehrer am Philanthropin, (geb. 1892): Ein Lebenslauf und Erlebnisse. Nach 1960. Alte Signaturen: Chroniken 209, 263.

B S 5/362 STRUCKMEIER, Georg, Pfarrer der Paulskirche: Erinnerungen an die Zeit der nationalsozialistischen Gewaltherrschaft 1933-1945. Tonbandniederschrift. 1962. Alte Signaturen: Chroniken 210, 264.

363 GRUSS, Gustav: Erinnerungen des ehemaligen Bezirksleiters des Graphischen Gewerbes an die nationalsozialistische Gewaltherrschaft. 1962. Alte Signaturen: Chroniken 211, 265.

364 SCHNITZLER, Lilly VON: Frankfurt zwischen den beiden Weltkriegen. Erinnerungen. Tonbandniederschrift 1962. Alte Signatur: Chroniken 212, 266.

365 RIESE, Hans: Die Familie R. und ihre Beziehungen zu Frankfurt am Main. Fotokopie 1976. Alte Signaturen: Chroniken 214, 267.

366 THOMAS, Joh. Hartmann, Juwelier, (1845-1924): Jugenderinnerungen. Alte Signaturen: Chroniken 215, 268.

367 KOCH, Architekt/LÜBBECKE, Fried, Beauftragte des Bezirkskonservators Wiesbaden: Gutachten an den Magistrat über die Sanierungsprojekte Schüppen- und Kleine Fischergasse. 1936. Kopie aus Mag. 3360 Bd. 1. Alte Signaturen: Chroniken 216, 269.

368 KRÄMER, Karl: Unter des Teufels Lichterbäumen. Erinnerungen eines Te[chnische] No[thilfe]-Mannes [an die Luftangriffe auf Frankfurt. 1943-1944]. 1982. Alte Signatur: Chroniken 270.

369 Feldpostbriefe Frankfurter Kriegsteilnehmer 1939-1945. Alte Signatur: Chroniken 271.

370 WOLFF, Gertrude: Bilder aus meinem Wohnviertel [Kuhwaldsiedlung]. 1931. Alte Signatur: Chroniken 272.

371 Fliegeralarme 1940-1945 in Frankfurt am Main-Höchst. Fotokopie. Alte Signatur: Chroniken 273.

372 SCHNITZLER, Lilly VON: Ansprache zum Ehrenabend für Leo FROBENIUS, ehemaligen Direktor des Völkerkundemuseums. 1974. Alte Signatur: Chroniken 274.

373 PAUL, Adolf, Pfarrer, Lokalhistoriker, (1892-1980): Das Erleben [als Kriegsfreiwilliger], Feldartillerieregiment 63 Frankfurt, im 1. Weltkrieg 1914-1918. O. J. Alte Signatur: Chroniken 275.

374 Ders.: Erleben und Bekennen im 2. Weltkrieg 1939-1945. O. J. Alte Signatur: Chroniken 276.

375 FRESENIUS, Karl: Vaterstadt und Vaterhaus. Erinnerungen an Friedrich Karl F., Lehrer an der Bürgerschule, (1819-1876), u.a. O. J. Fotokopie. Alte Signatur: Chroniken 277.

376 Ders.: Die Persönlichkeit des Vaters Friedrich Karl FRESENIUS (1818-1876). O. J. Fotokopie. Alte Signatur: Chroniken 278.

377 Festreden zum dreifachen Jubiläum am Carolinum. 1950. Alte Signatur: Chroniken 279.

B

S 5/378 Seminar für soziale Berufsarbeit Frankfurt am Main: Reden und Aufsätze anläßlich der Schließung. 1968. Alte Signatur: Chroniken 280.

379 BUHL geb. JORDAN, Josephine: Tagebücher 1834-1869 (Auszüge). Abschrift, 20. Jh. Alte Signatur: Chroniken 281.

380 KOCH geb. GONTARD, Clothilde: Ein unveröffentlichtes Stammbuch 1848-1852. Druck 1924. Alte Signatur: Chroniken 282.

381-383 KOCH, Charlotte, (1834-1901), Tochter der Clothilde KOCH-GONTARD: Auszüge aus Tagebüchern 1851. Abschrift in 3 Ausfertigungen, 20. Jh. Alte Signatur: Chroniken 283 a-c.

384 SAUTER, Erich, Maler, (geb. 1905): Erinnerungen an Frankfurt am Main 1913-1950. Nach 1950. Alte Signatur: Chroniken 284.

385 BUCH, Babette B., (geb. 1890): Schau eines Judenschicksals. Vor 1933 - nach 1961. 1975. Alte Signatur: Chroniken 285.

386 JACOBY, Johann, (1805-1877): Auszüge aus der Korrespondenz 1848-1849. Abschriften aus dem Nachlaß, ehemals Stadtbibliothek Königsberg. Alte Signatur: Chroniken 286.

387 BOXHEIMER, Trude, (geb. 1921): Frankfurter Frauenschicksale. Ca. 1890-1974. 1979. Alte Signatur: Chroniken 287.

388 MÜLLER, Bruno, (1889-1968): Erlebnisse in der ersten Tagen der amerikanischen Besatzung 1945. 1945. Alte Signatur: Chroniken 288.

389 HEILBRUNN, Ludwig, (1870-1951): Erinnerungen an das Frankfurt Max BECKMANNs. 1915-1933. O. J. Alte Signatur: Chroniken 289.

390 WOLF, Herbert: [Gespräche mit Werner DREWES]. Große Meister am Bauhaus, ... Erinnerungen an Frankfurt. Ca. 1921-1930. 1977-1983. Alte Signatur: Chroniken 290.

391 GLÖCKLER, Albrecht: Der Kaiser kommt. Eine völlig vergessene Geschichte aus dem Jahr 1918. Inkognitobesuch Kaiser Wilhelms II. in Frankfurt am Main am 9./10. Nov. 1918. 1983. Alte Signatur: Chroniken 291.

392 REBENTISCH, Dieter: Erinnerungsbefragungen des Walter HEYSE (1902-1980), Stadtrat, MdR NSDAP. 1979. Alte Signatur: Chroniken 292.

393-395 Kriegstagebuch des Feldartillerieregiments Nr. 63 "Frankfurt" und der im Weltkrieg 1914/1918 daraus entstardenen Verbände. Alte Signatur: Chroniken 110.

396 CHRISTEL, Ernst: Tagebücher 1933-1967. Alte Signatur: Chroniken 193. Bd. I: 1933-1945.

397 Dito, Bd. II: 1943 Spt. - 1946 Mai, bes. Luftkrieg und Notzeit.

398 Dito, Bd. III: NS-Witze und Anekdoten.

399 Dito, Bd. IV: 1947 Juni - 1967 Feb.

B S 5/400 Ehrenbuch der Spender für den Wiederaufbau der Paulskirche 1948. Alte Signatur: Chroniken 104.

401 Bericht über die Zusammenarbeit des Baubataillons 16 mit der Stadt bei Verteidungsmaßnahmen im Endkampf gegen England 1940 -1941. Alte Signatur: Chroniken 118.

402 GOLDMANN, Otto: Verlustliste der in Frankfurt am Main geborenen Kriegsteilnehmer 1914-1918. Vor 1948. Alte Signatur: Chroniken 134.

403 Gedenkbuch der Kriegsgefangenen aus Frankfurt am Main 1953. Alte Signatur: Chroniken 159.

404 KLÖTZER, Wolfgang/KRATZ, Ernst: Frankfurter Stadt- und Wirtschaftschronik. 1966. Alte Signatur: Chroniken 188.

405 Das Deutsche Buch der Stadt Frankfurt am Main. Gästebuch der Stadtverwaltung, 1933-1940. Alte Signatur: Chroniken 192.

S 6a-**Manuskripte** Nr. 1-273

Sammlung ungedruckter wissenschaftlicher Schriften, auch Dissertationen, Staatsarbeiten, Findbücher, numerische K.

Liste der Verfasser mit Titelstichwörtern:

ALSHEIMER, Herbert: Ludwig ERHARD, 1982, S 6a/196.

ANDERNACHT, Dietrich: Findbuch Medicinalia I, = Rep. 598, 1985, S 6a/271.

ANDREAE, Max: Brami ANDREAE/Marianne VON WILLEMER, 1969, S 6a/118.

ANONYME VERFASSER, geordnet nach Sachbegriffen:

- Alabasterrelief von Hans MULTSCHER, 1983, S 6a/67.
- Deutsche Reichsversammlung, 1849, S 6a/242.
- Francofurtensien, ca. 1700-1947, S 6a/240.
- Frankfurt, Besetzung 1759-1763, um 1935, S 6a/39.
- Frankfurt, Gasversorgung, 1925, S 6a/107.
- Frankfurt, HOCHs Konservatorium, Stiftung, 1857, 1975, S 6a/255.
- Frankfurt, Konstitution, FREIHERR VOM STEIN, um 1980, S 6a/237.
- Frankfurt, Nordwest-Zentrum, um 1970, S 6a/122.
- Frankfurt, Preungesheim, Strafanstalt, um 1942, S 6a/205.
- Frankfurt, Stadtparlament, Mitglieder, 1945-1985, S 6a/228 a-d.
- Frankfurt, Verfassungsverhältnisse, nach 1732, S 6a/266.

B S 6a - HEINZERLING, Christian, Chromgerbung, 1984, S 6a/235.

- Kochrezepte, S 6a/245.

- Poesiealbum von Maria ..., 1908-1911, S 6a/244.

- Rezepturen zur Heilung von Krankheiten, 17. Jh.?, S 6a/233.

ARNECKE, Günther: Frankfurter Oberpostamtszeitung 1814-1848, 1941, S 6a/136.

BÄUMLEIN, Walther: Tuberkulose 1901-1945, 1947, S 6a/80.

BANKE, Sibylle: Frankfurter Schränke, 1953, S 6a/15.

BARTETZKO, Dieter siehe HEPP, Volkmar!

Bauamt siehe LESLEY!

BECKER, Hans: Allerheiligenpfarrei, 1940, S 6a/171.

BEIER, Gerhard: Willi RICHTER, 1894-1972, 1977, S 6a/166.

BERTLING, Emil: Frankfurter Advents- und Weihnachtsbräuche, um 1925, S 6a/216.

Ders.: Frankfurter Löschanstalten, um 1925, S 6a/217.

Ders.: Frankfurter Stadtwald, um 1925, S 6a/223 a-b.

BEST, Ludwig: Frankfurter Humor, vor 1951, S 6a/3.

BINGEMER, Heinrich: Frankfurter Baudenkmäler 1943/45, 1945, S 6a/160.

BIERWIRTH, Paul: Francofurtensien, 1960-1971, S 6a/234.

BLENDIN, Friedrich: Diphterie, 1925-1945, 1948, S 6a/84.

BOESE, Heinz-Günther: Ludwig SIMON von Trier, Paulskirche, 1819-1872, 1950, S 6a/127.

BORN, Paul: Frankfurter Feuerlöschwesen bis 1946, 1948, S 6a/71.

Ders.: 500 Jahre Frankfurter Feuerlöschwesen, 1949, Benutzungsbeschränkung, S 6a/72.

BORRIS, Maria: Ausländische Arbeitnehmer, ca. 1972, S 6a/264.

BOTHE, Friedrich: Wirtschaftliche Lage Deutschlands vor 1618, 1925-1940, S 6a/99.

Ders.: Fettmilchaufstand 1612-1614, um 1925, S 6a/59.

Ders.: Hospital zum Heiligen Geist, 1937, S 6a/261.

BROMKAMP, Joachim Alois: Frankfurter Handel, Kontinentalsperre 1806-1813, um 1966, S 6a/125.

BUSCH, August: Teuerung [Weltwirtschaftskrise], 1932, S 6a/135.

CREITZENACH siehe Ganges-Gesellschaft!

CRONBERGER, Bernhard: Haushaltungskunde, 1894, S 6a/147.

B S 6a DECHENT, Hermann: Familiengeschichte, bes. HOLZHAUSEN und FINGER, 1927, S 6a/104.

DELLIEHAUSEN, H.: Rotary-Club Frankfurt am Main, um 1940, S 6a/78.

DETTLING, Rudolf: Frankfurter Musiker, 1963, S 6a/108.

DIENST, Karl: Lutherischer Gottesdienst [bis 1806], 1955, S 6a/75.

DILLER, Ansgar: Frankfurter Rundfunk 1923-1945, 1973, S 6a/256.

DONNER, Gustav Adolf: Familie DONNER, 1908, S 6a/214.

DRUMMER, Heike: Nachlässe im Stadtarchiv Frankfurt am Main, = Rep. 588, 1984, S 6a/267.

EBEL, Gustav: Familie EBEL, 1941, S 6a/202.

EBEL, Richard: Städelschule, 1942, S 6a/134.

EDELMANN, Gottfried: Baugeschichte Dominikanerkloster, 1955, S 6a/117.

EISEMANN, Richard: Kriegs- und Ernährungspolitik, o. J., S 6a/12.

EMRICH, Willi: [Frankfurt am Main - Wien - Mailand], 1942, S 6a/102.

Ders.: Goldenes Buch 1945-1960, S 6a/105.

Ders.: Stadtgeschichte 1919-1945, 1955, S 6a/109.

Ders.: [Frankfurter Infrastruktur], 1954, S 6a/132.

ETTLINGER, [Schlomo]: Anwaltspraxis (Anekdoten), 1925-1933, S 6a/45.

Ders.: Stättigkeitsjuden 1697-1805, 1936, S 6a/74.

Ders.: Ele toldot (Frankfurter Juden) bis 1830, S 6a/60.

Ders.: Memorbuch, 1955, Depositum, Benutzungsbeschränkung, S 6a/52.

EVERLING, Dietlinde: Testament Wicker FROSCH 1493, o. J., S 6a/152 a-b.

FALK: Organisation der Stadtverwaltung 1866-1910, S 6a/44.

FDP: Revolution 1848, 1979, S 6a/173.

FIETZ, Walter: Verkehrs- und Handelspolitik im Bundestag 1816-1847, 1954, S 6a/13.

FISCHER-DEFOY, Ingeborg: Stiftungen, Gesundheitswesen, 1948, S 6a/85.

FISCHER, Peter: Konsistorium im Ersten Weltkrieg, 1978, S 6a/163.

FLÜHRER, Wilhelm: Frankfurt-Bebraer Eisenbahn, um 1940, S 6a/91.

Ders.: Frankfurt-Offenbacher Eisenbahn, um 1940, S 6a/98.

Ders.: Frankfurt und Eisenbahnen 1835-1888, um 1940, S 6a/97.

Forstamt Frankfurt am Main: Stadtwald, um 1965, S 6a/258.

B S 6a FRESENIUS, Wilhelm: Evangelische Kirche in Frankfurt, 1920-1945, um 1950, S 6a/35.

FRITZEN, Hans: Frankfurter Glockengießer, vor 1955, S 6a/29.

Ganges-Gesellschaft: Roman über den 30-jährigen Krieg, um 1840, S 6a/77.

GERBER, Harry: Frankfurt am Main, Siedlungs-, Wirtschafts-, Verwaltungs- und Rechtsgeschichte, um 1953, S 6a/22.

GLÖCKLER, Albrecht: Hauptwache, 1928, S 6a/236.

GÖRTE, Erna: GOETHE und Lili 1775, o. J., S 6a/165.

GOTTHARDT, Elmar: Kaiserwahl 1742, 1981, S 6a/194.

GOTTWALD, Johann: Frankfurter Geschlechter, um 1940/50, S 6a/79.

GRAB, H.: Milde Stiftungen, 1939, S 6a/17.

GRAUBERT, Wilhelm: Rotes Haus, 1933, S 6a/167.

GRIMM, Karl VON: Melchior VON GRIMM 1759-1761, o. J., S 6a/140.

GUAITTA, Gottfried: Evangelische Prediger, 1774, S 6a/185.

GUNDELACH, Hilde: Sachsenhausen, 1932, S 6a/184.

GUNZERT, Rudolf: Wiederaufbau, 1957, S 6a/259.

Ders.: Umland, Trabantenstädte, 1961, S 6a/158.

GUTT, Paul: Motorenfabrik Oberursel, Umlaufmotor, 1916, S 6a/92.

HAAS, Fritz: Grünstädter, Wachensturm 1833, vor 1947, S 6a/211.

HAUCK, ...: Internationale Anleihen, 1979, S 6a/175.

HEIDRICH, Hellmut: Spanischer Erbfolgekrieg, o. J., S 6a/11.

HEIDRICH, Kurt: Dritter Raubkrieg 1688-1697, o. J., S 6a/16.

HEILBRUNN, Rudolf M.: Haus ROTHSCHILD, 1963, S 6a/137.

HEIMPEL, Hans: Paulskirche (Hörspiel), 1933, S 6a/28.

Ders.: Reformation in Frankfurt (Hörspiel), ca. 1933, S 6a/27.

Ders.: Römerberg (Hörspiel), um 1933, S 6a/26.

HEISTER, Wilhelm: Nordend, 1939, S 6a/62.

Ders.: Bornheim, 1950, S 6a/153 I-II.

HEPP, Fred: Frankfurter Zeitung - Widerstand 1933-1943, 1949, S 6a/68.

HEPP, Volkmar/BARTETZKO, Dieter: Leinwandhaus, 1984, S 6a/239.

HERFORTH, Willy: Frankfurter Gewerbe, 16. - 17. Jh., 1923, S 6a/181.

HERTH, Helmut: Justinuskirche, 1972, S 6a/178.

HESS, Fritz: Familie RULAND 1753-1832, 1932, S 6a/64.

B S 6a HEUSER, Heinrich: Meine Ahnen, 1939-1964, S 6a/100.

Ders.: Stammbaum SCHUDT, 1945, S 6a/101.

HEYEN, Franz Josef: Archivwesen Rheinland-Pfalz, 1976, S 6a/156.

HILGER, Wolfgang: Bundestag, Mediatisierte, 1816-1866, 1956, S 6a/252.

HILLER, Joseph: "Allerley", 1822-1880, S 6a/222.

HILMER, Ruth: Lepra, 1947, S 6a/83.

HOCH, Günther: Östliches Dreieich, 1953, S 6a/148, 183.

HOCK, Sabine: Auf dem Mühlberg, 1939-1945, 1982, S 6a/209.

Dies.: Wahl und Krönung, 1980, S 6a/210.

HOERLE, E.: Carl Philipp HOERLE, 1930, S 6a/65.

HÖTTE, Ferdinand: Meßbudengerechtigkeit, 1931, S 6a/76.

HOLLENBERG, Günter: Revolution 1918/19, 1977, S 6a/219.

HUMPERDINCK, Wolfram: Engelbert HUMPERDINCK, 1965, S 6a/110.

JASPERT, Werner: Friedrich STOLTZE, 1966, S 6a/176, 251.

JONELLI, Hans: Firma Werthemanns Erben, 1925, S 6a/18.

JUCHO, Sigmund siehe Anonym, Deutsche Reichsversammlung!

JUNG, Anna/RÜHL-FISCHER, Christel: Findbuch Messehändler - Meßschemata, 1775-1836, vor 1983, = Rep. 595, S 6a/268, 269.

JUNG, Rudolf: Stadtarchiv, Index, 1984, = Rep. 3, S 6a/241.

KAFFENBERGER, Annette: Findbuch Nachlaß Robert FRITZ, 1984, = Rep. 561, S 6a/225.

KALTWASSER, Inge: Gesinde, 1800-1866, 1983, S 6a/206.

KAUFMANN, Ekkehard: Sulzbach und Soden, 1950, S 6a/182.

KELLER, Albrecht: Ernst KELLER, 1852-1920, 1949, S 6a/128.

KIEFER, Karl: Frankfurter Geburten 1533-1549, 1909-1912, S 6a/226 Nr. 3.

Ders.: Frankfurter Trauungen 1533-1600, 1909-1912, S 6a/226 Nr. 1.

Ders.: Frankfurter Trauungen 1722-1754, 1905-1906, S 6a/226 Nr. 2.

Ders.: Kirchenbuch Oberrad 1622-1700, 1914, S 6a/226 Nr. 4.

KIRN, Paul: Hochmittelalter, 1950, S 6a/218.

KLÖTZER, Wolfgang: Frankfurt 1866, 1966, S 6a/111.

KNAPP, Wilhelm: Petersfriedhof, 1961, S 6a/47.

KÖMMETTER, Dieter: Werkrisse zum Domturm, 1964, S 6a/243.

KÖTTELWESCH, Clemens: Freies Deutsches Hochstift 1859-1879, 1984, S 6a/247.

B S 6a KÖTTELWESCH, Clemens: [Stadt]bibliothek, 1976, S 6a/150.

Ders.: Frankfurt in der Literatur seit 1945, 1979, S 6a/172.

KRAHN, Günther: Malaria, 1950, S 6a/90.

KREBS, Albert: Duellmordprozeß Joh. Hektor SEIFFART VON KLETTENBERG 1709-1720, o. J., S 6a/7.

KRIEGK, Georg Ludwig: Exzerpte aus dem Frankfurter Stadtarchiv u.a. (1306-1786), bes. SENCKENBERG und GOETHE betr., ca. 1870, S 6a/272-273.

Ders.: Register zur LERSNERchronik, 1867/68, S 6a/73.

KÜHNELT, Rainer siehe ZINDEL, Oskar!

Künstler-Gesellschaft: Künstlerfest 1860, S 6a/95.

KUHL, Hans: Statistik vor 1900, 1940, S 6a/130.

KULICKE, Gustav: Heeressanitätswesen 1914-1918, 1957, S 6a/46.

Ders.: Lazarettwesen 1914-1918, 1959, S 6a/198.

Kulturamt siehe LESLEY!

LANGER, R.: Sachsenhausen, 1982/83, S 6a/246.

LEHMANN, Woldemar: Wolgadeutsche 1764-1922, ca. 1970, Depositum, Benutzungsbeschränkung, S 6a/270.

LEIPPE, Heinrich: Revolution 1612-1616, 1978, S 6a/164.

LEISKE, Walter: Bedeutung Frankfurts für Hessen und BRD, 1954, S 6a/114, 257.

LENARZ, Michael: Wahl und Krönung, 1979, S 6a/230.

LEHNHARDT, Heinz: Frankfurter Neustadt, 1957, 1960, S 6a/149.

LERNER, Franz: Sozialstruktur Altstadt, 1894-1944, 1948, S 6a/263.

LESLEY: Zerstörung Baudenkmäler, 1946, S 6a/41.

LOTMAR siehe Ganges-Gesellschaft!

LUBE: Grundstücksumlegungen 1890-1918, vor 1933, S 6a/195 a-b.

LUCAS, Erhard: Arbeiter- und Soldatenrat, USPD 1918-1919, 1968, S 6a/116.

LUDÄSCHER, Hans: Alter Friedhof, Eschersheim, 1972, S 6a/151.

Ders.: Eschemer Kerwe, 1974, S 6a/145.

Ders.: Familie JAMIN, Eschersheim, 1976, S 6a/146.

Ders.: Gasthaus "Sängereck", Eschersheim, 1974, S 6a/142.

Ders.: Negerdörfchen, Eschersheim, 1974, S 6a/144.

LUDWIG, Heinrich: Geschichte Bockenheim, nach 1940, S 6a/53.

Ders.: Häuserchronik Alt-Bockenheim, 1941, S 6a/61.

LÜDERS, Detlef: GOETHEs Badereisen, 1976, S 6a/155.

B S 6a LUTTEROTH, Mathilde: Familie PASSAVANT, 1942, S 6a/103.

MAAR, Peter: Fechtkunst in Nürnberg, 14. - 19. Jh., 1961/62, S 6a/58.

MAIN, Karl VOM: Preußen in Frankfurt am Main, 1866, 1966, S 6a/262.

MAJER-LEONHARD, Hans: Register zum Taufbuch 1533, 1948, S 6a/227.

MALAPERT, Philipp Anton FREIHERR VON: Frankfurter Genealogien, vor 1888, S 6a/42 I-IV.

MAPPES, G.W.: Regesten der Herren VON SULZBACH, 13. - 15. Jh., ca. 1895, Depositum, S 6a/56.

Ders.: Geschichte Sulzbach und Soden, 1897, Depositum, S 6a/54.

Ders.: Regesten Vogtei Sulzbach, ca. 1895, Depositum, S 6a/57.

Ders.: Topographie und Geschichte der Vogtei Sulzbach, 1896, Depositum, S 6a/55.

McNAUGHTON, James: Political Culture, 1763-1816, 1981, S 6a/197, 213.

MEINHARDT, Karl-Ernst: Strafrecht, 16. - 17. Jh., 1957, S 6a/21.

MEINERT, Hermann: Frankfurt am Main (Hessisches Städtebuch), um 1950, S 6a/249.

Ders.: Friedensbrücke, 1950, S 6a/37, 250.

MERTZ, Helmut: Frankfurter Oberhof, 1954, S 6a/10.

METZ, Gisela G.: Geschlechtskrankheiten, 1949, S 6a/89.

MEYER, Hans Joachim: Englischer Schweiß, 1948, S 6a/82.

MEYER, Petra: Mädchenschulwesen, 1816-1848, 1979, S 6a/168.

MÜLLER, Bruno: Frankfurter Universität, vor 1958, S 6a/30.

Ders.: Jüdische Stiftungen, 1942, S 6a/23.

Ders.: Kraftwerk Frankfurt am Main, 1894-1944, vor 1955, S 6a/24.

Ders.: Vereinfachung Stadtverwaltung, 1930, S 6a/159.

MÜLLER, Hans: Kaufrecht, 15. - 16. Jh., 1961, S 6a/40.

MÜLLER, Martha: Bartholomäusstift, vor 1500, 1939, S 6a/38.

NASSAUER, Siegfried: Fedor MAMROTH, +1907, o. J., S 6a/115.

NAUMANN, Rudolf: Regesten HOLZHAUSEN, vor 1450, vor 1938, S 6a/4.

NOVER, Lorenz: Verschwörungen und Revolutionen des 19. Jhs., 1861, S 6a/260.

OCHS, Kathinka: Aussprüche ... von Zeitgenossen (mundartlich), 1895, S 6a/253.

OPPEL, Karl (?): Kaisersaal in Frankfurt am Main, o. J., S 6a/189.

Ders.: Mundartliche Manuskripte, o. J., S 6a/190.

OSWALT, Else: Christian FENDE (1651-1746), Pietismus, o. J., S 6a/8.

B S 6a OTTENDORFF-SIMROCK, Walther: Familie REUTLINGER, Seilerhandwerk, 1980, S 6a/248.

PAPKE, Elsbeth: Syphilis, 1948, S 6a/87.

PAPKE, Hans-Ulrich: Pest, 1947, S 6a/86.

PAQUET, Alfons: Frankfurt am Main, 1938, S 6a/133.

PASSAVANT siehe Ganges-Gesellschaft!

PRUN, Max: Luftschiffe, o. J., S 6a/157.

RAUH, Hans Ludwig: Frankfurter Mundart (Lautlehre), 1921, S 6a/208.

REBENTISCH, Dieter: Frankfurter SPD, 1919-1933, 1984, S 6a/238.

REUTLINGER, G.H.: Dreikönigskirche, -spital und -kirchhof, vor 1915, S 6a/63.

RÖMER-BÜCHNER, Benedikt: Jagdgesetzgebung der Freien Stadt, 1551-1827, ca. 1830, S 6a/31 I-II.

ROMEISS, Martin: Wehrverfassung im Mittelalter, 1944, S 6a/14.

ROMMEL siehe Ganges-Gesellschaft!

RUDOLPH, Maria: Höheres weibliches Bildungswesen, vor 1933, Benutzungsbeschränkung, S 6a/2.

RÜHL-FISCHER siehe JUNG, Anna!

RUSTIGE siehe Ganges-Gesellschaft!

SÄNGER, Fritz: Frankfurter Zeitung, 1977, S 6a/162.

SAUER, Heinz: Französische Revolution, Frankfurter Presse, vor 1960, S 6a/19.

SAUER, Ernst: Volksbildung, berufliches Schulwesen, 1813-1950, 1952, S 6a/199.

SCELLIER, Lucile: Städtebau bis 1805, 1977, Benutzungsbeschränkung, S 6a/161, 193.

SCHABER, Will: 1848, o. J., S 6a/154.

SCHACK, Ingeborg-Liane: Maximilian REINGANUM, 1798-1878, 1979, S 6a/192.

SCHÄDEL siehe Ganges-Gesellschaft!

SCHÄFER, Kitty: Straßenreinigung und Kanalisation, 1951, S 6a/81.

SCHÄFER, Kurt: Findbuch Nachlaß Max QUARCK, 1983, = Rep. 554, S 6a/224.

Ders.: Findbuch Nachlaß Familie QUINT, 1983, = Rep. 553, S 6a/229.

SCHLAEGER, Otto: Heinrich II. ZUM JUNGEN, 1941, S 6a/5.

SCHLOTZHAUER, Inge: Gleichstellung der Juden, 1816-1817, 1982, S 6a/203.

B S 6a SCHMIDT, Kurt: "Frankfurt"[-Orte] in aller Welt, vor 1980, S 6a/179.

SCHNEIDER, Adolf: Salzwerk zu Soden, 1931, S 6a/112.

SCHNEIDER, Wilhelm: Geschichte des Bäckerhandwerks, ca. 1920, Depositum, S 6a/6.

SCHNEIDER, Wilhelm: Siedlung und Verkehr Groß-Frankfurt, 1925, S 6a/124.

SCHNYDER siehe Ganges-Gesellschaft!

SCHOENBERGER, Guido: Geleitswesen, 14. - 15. Jh., 1922, S 6a/33 a-b.

SCHOTTDORF, Alfred: Flurnamen Nieder-Erlenbach, 1980, S 6a/186.

SCHROTZENBERGER, Robert: Francofurtensia, nach 1888, S 6a/188.

SCHÜTTE, Theodor: Zollwesen, bis 1955, 1955, S 6a/32.

SCHUNDER, Friedrich: Reichsschultheißenamt, bis 1372, 1952, S 6a/9.

SCHULZ, G.: Frankfurter Apotheker, 1290-1492, 1959, S 6a/207.

SCHUSTER, Claus: Kraftfahrzeugkennzeichnung, 1983, S 6a/204.

SCHUSTER, Franz: Wiederaufbau der Innenstadt, 1958, S 6a/119.

SCHWEDHELM, Barbara Christine: Demagogenjagd, um 1830, 1982, S 6a/215.

SCHWIDESSEN, Bertram: Amerikanische Revolution, Frankfurter und hessische Zeitungen, 1980, S 6a/220.

SCOTLAND, E.: Philipp HOLZMANN, 1836-1904, 1938, S 6a/93 a-b.

SEYDEWITZ, Hans VON: Predigten (Weißfrauenkirche), 1875-1880, ca. 1880, S 6a/200.

SIEDHOFF, Thomas: Frankfurter Theater, ca. 1900-1930, 1984, S 6a/232.

SOUCHAY, Carl Daniel: Familie SOUCHAY DE LA DUBOISSIERE, 17. - 20. Jh., 1975/78, S 6a/177.

SPALTEHOLZ, Emma: Familie VOELCKER, vor 1948, S 6a/43.

SPEYER, siehe Ganges-Gesellschaft!

STAMM, Otto: Herrschaft Königstein, 1952, S 6a/34.

STAMM, Wolfgang: Karikaturen 1945-1955, S 6a/66 I-II.

STELTZNER, Helmut: Frankfurter Opernhaus, 1880-1944, 1976, S 6a/221.

STERNE, Margaret: Before the war of 1866, 1966, S 6a/139.

STIELER, Willi: Wiederaufbau städtischer historischer Gebäude, 1945-1966, 1978, S 6a/169.

STRATMANN, Mechtild: Hellerhof-Siedlung, 1977/78, S 6a/174.

B S 6a STRAUSS, Rudolf: Ahnen Lulu VON STRAUSS UND TORNEY, 1970, S 6a/121.

TASSIUS, Rudolf: Krankenhauswesen, 1949, S 6a/88.

TEXTOR, Karl Ludwig: Der Prorector, 1793, S 6a/48-51.

Tiefbauamt-Wasserwerk: Wasserversorgung, 1909-1930, S 6a/265.

TILLENBURG, H.P. siehe WICK, Erich!

TRAUT, Hermann: 30-jähriger Krieg, vor 1931, S 6a/1.

TRIP, Ernst: Frankfurter Zeitung, 1973, S 6a/201.

TROST siehe Ganges-Gesellschaft!

TRURNIT-KRAUSGRILL, Gisela: Handelsbeziehungen zu Lübeck, 15. Jh., 1944, S 6a/187.

UHLFELDER, H.: Zentralflughafen Rebstock, 1924, S 6a/94.

VANAS, Franz: Wilhelm STRICKER, Grenz- und Auslandsdeutschtum, 1846 -1849, 1936, S 6a/126.

VIESOHN, Georg: Beleuchtung der Stadt, 1925, S 6a/129.

VIESSMANN, Ingrid: Sanierung Bockenheim, 1980, S 6a/180.

WALDECK, Ruth/BECKER, Christoph: Psychiatrie, 1400 - 19. Jh., um 1980, S 6a/170.

WEBER, Walter: Wasserversorgung, Stadtbeleuchtung, 1946, S 6a/96.

WEISMANN siehe Ganges-Gesellschaft!

WENZEL, Fritz: Stadtwald, 1966, S 6a/141.

WESSENDORFT, Karl: Jüdische Bevölkerung in Bergen, 1572-1975, S 6a/231.

WICK, Erich/TELLENBURG, H.P./WOLLENBERG: Frankfurter Sport, ca. 1939/40, S 6a/113.

WIEDENBAUER, Anton: Straßenbahn, 1971, S 6a/120.

WIEDERSPAHN/GUNZERT, R.: Wirtschaftliche Entwicklung, 1900-1945, ca. 1952, 1953, S 6a/20.

WIEGAND, Erwin: Massenverkehrsmittel, 1963, S 6a/106.

WINCKLER, Maria: Frankfurts Umgegend, um 1835, S 6a/191.

WINKELMANN, Adelheid: Hirsch-Effekt (med.), 1965, S 6a/138.

WINTER, Johannes: Sonnenring, 1975, S 6a/254.

WOLF siehe Ganges-Gesellschaft!

WOLF, Siegbert: Liberalismus, 1983, S 6a/212.

WOLLENBERG siehe WICK, Erich!

WOLPERT, Erwin: Städtische Bodenpolitik, 1930, S 6a/131.

WÜST, Leni: Frankfurt am Main (Stadtrundgang), 1939, S 6a/25.

B S 6a ZICKWOLF, R.: Feuertelegraph 1873-1904, 1904, S 6a/70.

Ders.: Feuertelegraphenanlage, 1895, S 6a/69.

ZINDEL, Oskar/KÜHNELT, Rainer: Heinrich-Kleyer-Schule, 1974, S 6a/143.

ZÜLCH, Walter Karl: Frankfurter Künstler, annotiertes Handexemplar, nach 1935, S 6a/36.

Ders.: GRÜNEWALD, nach 1954, S 6a/123.

S 6b-**Materialsammlungen** Nr. 1-8, 10-12, 14-23, 25-38, 101-102

Sammlung wissenschaftlicher und dokumentarischer Apparate unterschiedlicher Form und Herkunft (Manuskriptfragmente, Karteien, Quellenexzerpte, -fotokopien, Zeitungsausschnittsammlungen), numerische K.

Sachindex mit Angabe des Verfassers bzw. Sammlers

BARY, DE, Familiengeschichte, Ralph A. DE BARY, S 6b/20.

Bockenheim, Geschichte, K. LUDWIG, vor 1952, S 6b/2.

DALBERG, Biographie, Ferdinand KÖPPEL, ca. 1950, S 6b/17.

DALBERG-Studien, Ewald REINHARD, ca. 1920-1956, S 6b/18.

Familienforschung, Werner SCHMIDT-SCHARFF, ca. 1925-1940, S 6b/16.

Frankfurt, Äppelwoi, E. REECK, 1940-1942, S 6b/7.

-, Bedebücher (Auszüge), 1320-1510, Heinz MERLING, Benutzungssperre, S 6b/12.

-, Besetzung durch Franzosen, 1758-1759, S 6b/25.

-, Brunnen, Siegfried NASSAUER, S 6b/102 I-II.

-, Bürgerhaus, Walter SAGE, S 6b/27.

-, Dreißigjähriger Krieg, Hermann TRAUT, vor 1931, S 6b/1.

-, Frankfurter Glocken, Konrad BUND, 1982 ff., Benutzungssperre, S 6b/28.

-, Frankfurter Würstchen, E. REECK, 1937-1942, S 6b/6.

-, Geschichte (u.a. Fettmilchaufstand, GUSTAV ADOLF in Frankfurt, Handwerker), Friedrich BOTHE, ca. vor 1952, S 6b/19.

-, Grüneburgpark, E. REECK, 1937-1939, S 6b/5.

B S 6b

Frankfurt, Rechenbücher 1348-1519 (Auszüge betr. Wehrwesen), Martin ROMEISS, vor 1943, S 6b/29.

-, Reformationszeit (Quellenauszüge), Prof. LÜHE, vor 1946, S 6b/3.

-, Wäldchestag, E. REECK, 1939-1942, Depositum, S 6b/4.

-, Zeitungen, Ausschnittsammlung Louis FLACH, S 6b/101, Bd. 1-15.

-, Zeitungen, Ausschnittsammlung GÜNTHER, ca. 1945-1960, S 6b/21.

-, Zeitungen, Ausschnittsammlung KNOTH, ca. 1945-1960, S 6b/36.

-, Zeitungen, Ausschnittsammlung Wilhelm MANN, ca. 1945-1960, S 6b/35.

-, Zeitungen, Ausschnittsammlung des Presse- und Informationsamtes, 1945-1974, S 6b/38, Rep. 610.

-, Zeitungen, Ausschnittsammlung des Verkehrs- und Wirtschaftsamtes, ca. 1949-1970, S 6b/37.

Gesellen-Einschreibbücher, 1712-1868, Heinz LENHARDT, S 6b/23.

GOETHEsammlung, RIEBLING, um 1932, S 6b/30.

Heiliggeisthospital, 13. - 20. Jh., F. BOTHE, um 1935, S 6b/15.

HOLZHAUSEN, VON, Familiengeschichte, O. RUPPERSBERG, ca. 1938, S 6b/11.

ITZEROTT, Genealogische Sammlung, nur für den Dienstgebrauch, S 6b/32.

Jüdische Bibliographie, Hans-Otto SCHEMBS, S 6b/22.

PELISSIER, E., Vortragsmanuskripte, 1880-1927, S 6b/10.

Rhein-Mainische Volkszeitung, Zeitungsausschnittsammlung BERNHARDT, 1920-1960, S 6b/33.

Sankt Bartholomäusstift, Geschichte vor 1500, Martha MÜLLER, ca. 1941, S 6b/8.

Schmalkaldischer Bund 1546, Geschichte, H. GERBER, ca. 1930-1940, S 6b/14.

SCHROTZENBERGER, Frankfurter Persönlichkeiten, Vorarbeiten für Neuauflage, S 6b/31.

Stammbücher, Materialsammlung, Karl SIMON, S 6b/26.

Wappensammlung KIEFER, auch Siegel, Epitaphien, Genealogien (u.a. ANDREAE, HARNIER), Familienchronik KIEFER, Alsfelder Wappenbuch, (ca. 14. Jh.) 1900-1918, S 6b/34.

B S 7-**Bildersammlung**

S 7 A-Frankfurt vor 1944

S 7 B-Das kriegszerstörte Frankfurt (1940-1950)

S 7 C-Das neue Frankfurt (seit 1945)

Die Sammlung ist topographisch gegliedert und straßenweise in folgenden Abteilungen aufgestellt:

01. Rundblick vom Domturm
02. Rund um den Dom
03. Altstadt zwischen Dom und Römerberg
04. Römerberg und Nikolaikirche
05. Westliche Altstadt
06. Nordwestliche Altstadt
07. Nördliche Altstadt
08. Allerheiligenviertel
09. Fischerfeldviertel
10. Hauptwache-Roßmarkt-Rathenauplatz
11. Zeil
12. Westliche Innenstadt
13. Nordwestliche Innenstadt
14. Nördliche Innenstadt
15. Nordöstliche Innenstadt
16. Anlagenring
17. Mainfront
18. Brücken
19. Westliche City
20. Bahnhofsgebiet
21. Gallusviertel
22. Westend
23. Grüneburgviertel
24. Holzhausen/Glauburg-Viertel
25. Dornbuschviertel
26. Sandwegviertel
27. Ostend
28. Sachsenhausen östlich Schweizerstraße
29. Sachsenhausen westlich Schweizerstraße
30. Sachsenhausen südlich Offenbacher Bahnlinie
31. Oberrad
32. Niederrad
33. Schwanheim
34. Griesheim
35. Nied
36. Höchst
37. Sindlingen
38. Zeilsheim
39. Unterliederbach
40. Sossenheim
41. Rödelheim
42. Bockenheim
43. Hausen
44. Praunheim
45. Niederursel
46. Heddernheim
47. Eschersheim
48. Ginnheim
49. Eckenheim
50. Bonames
51. Berkersheim
52. Preungesheim
53. Seckbach
54. Bornheim
55. Fechenheim
56. Stadtwald
57. Nachbargemeinden
58. Varia

B S 7 Alphabetische Reihe der Sachbegriffe:

Adler
Ämter
Amerikaner
Amtskette des Oberbürgermeisters
Apfelwein
Auto

Backwaren
Ballonfahrten
Berufe
BISMARCK
Brücken
Brunnenfest

Dippemeß

Ehrenpreise
Ehrenring
Eisenbahn
Eisgang auf dem Main
Eislauf
Erntedankfest
Ex libris

Fahrrad
Feldbergfest
Firmen
Flöße auf dem Main
Flohmarkt
Francofurtia
Frankfurter Küche
Frankfurter Latern
Frankfurter Schrank
Frankfurter Würstchen
Frankfurt-Pille
Frankfurt-Rose
Fronleichnam

Gesellschaft
Gesetze
Glocken
GOETHE-Plakette
Goldene Bulle
Goldenes Buch

Hampelmann
Handwerk
Hochwasser

Institute
Interieurs

Juden
Justitia

Kabarett
Karneval
Kirchen
Kirchweih

Leichenpredigten

Mainfest
Messe
Mode
Münzen

Neujahr
Notariatssignets

Parteien
Pfeifergericht
Presse
Puppen

Ratssilber
Regatta
Reichskleinodien
Römerbergfestspiele

Sängerfest
Schiffe
Schulen

Theater

Urkunden

Vereine

Wahl und Krönung
Wäldchestag
Weihnachten
Wein
Winter

Zeitungen
Zirkus
Zukunftsbilder

B S 7 P-**Porträts**

Namensalphabetisch gestellte Sammlung von Bildzeugnissen Frankfurter Persönlichkeiten.

S 7 X-**Fotoalben**

In Albumform geschlossen überlieferte Bildsammlungen, K.

S 7 Z-**Zeitbilder**

Chronologisch aufgestellte Sammlung von Bildquellen zu Ereignissen der Frankfurter Geschichte.

S 8-**Karten**

Sammlung der nach 1945 von städtischen Ämtern abgegebenen, von Dritten deponierten und archivisch gesammelten Pläne und Karten, K.

Katasterkarten:

Innenstadt ab 1874

Außenstadt und Vororte ab 1892

Meßtischblätter:

Raum Frankfurt ab 1867

Luftbilder:

Frankfurter Stadtgebiet ab 1926/27

Karten:

Stadt und Vororte, Umgebung, Land Hessen, Deutschland

Flurbücher:

Frankfurter Vororte

Pläne öffentlicher Bauten, besonders Schulen und Kindertagesstätten (Abgabe des Hochbauamts 1980-1982)

Gebäudepläne, dabei: einige Baudenkmäler

Wiederaufbaudokumentation

Vorortsanierung

Depositum des Heiliggeistspitals

Depositum der Firma Philipp Holzmann AG

B S 9-**Plakate**

Nach 1945 begonnene, chronologisch gelegte Sammlung in Frankfurt angeschlagener Plakate, gespeist vor allem durch Belegexemplare der Deutschen Städtewerbung. Z.Z. wegen fehlender Findmittel und aus konservatorischen Gründen unbenutzbar. Für 1945-1956 vgl. Rep. 522.

S 10=**SD-Druckschriften**

Sammlung periodisch erscheinender und sogenannter "grauer Literatur", erschlossen durch den Verfasser- und Sachkatalog der Dienstbibliothek.

1 Amtsdrucksachen, besonders der Frankfurter Stadtverwaltung

2 Mitteilungen und Jahresberichte von Firmen

3 Zeitschriften

4 Kirchenzeitungen

5 Vereinsblätter

6 Schulberichte und -zeitschriften

S 11-**Siegel**

1 Siegelsammlung des Stadtarchivs (Jung S. 231: XX), Papiersiegel aus den 1874 kassierten Gerichtsakten, Rep. 319

1. Frankfurter Behörden, kirchliche Gemeinschaften, Stiftungen
2. Frankfurter Privatpersonen ca. 1730-1800
3. Auswärtige Behörden

2 Siegelsammlung

Abgüsse und Originale

Gipsabgüsse

Siegel aus dem Stadtarchiv, ungeordnet

Fremde Siegel, geordnet

Lacksiegel

Nach 1945 hergestellte Abgüsse, K.

3 Erworbene Siegelsammlungen

Frankfurter Vororte und Auswärtige, Arch.-Zug. 33/1949

Lacksiegel, unverzeichnet, Arch.-Zug. 22/1956

Frankfurter Siegelabgüsse, unverzeichnet, Arch.-Zug. II 56/1977

4 Dienstsiegel

Polizeipräsidium, Dienstsiegel und Petschaften

Eingemeindete Vororte Harheim und Kalbach, Arch.-Zug. 50/72

B S 12-**Filme und Tonträger**

1 Filmarchiv der Trümmerverwertungsgesellschaft, ungeordnet

2 Sicherungsfilme des Stadtarchivs, Rep. 519, 526, Benutzung untersagt!

3 Arbeitsfilme des Stadtarchivs (Duplikatfilme von 2)

4 Mikrofiches (Adreßbücher 1868-1983)

5 Spielfilme

6 Schallplatten

7 Tonbänder und -kasetten

C **Zeitungen**

1 Bis 1945:

Messrelationen 1598-1775

Frankfurter gelehrte Zeitungen 1736-1788

Frankfurter Journal 1759-1882, 1900-1902

Staatsristretto 1772-1818

Oberpostamtszeitung 1773-1866

Frankfurter Frag- und Anzeigen-Nachrichten 1786-1806

Journal de Francfort 1801-1866

Intelligenzblatt 1806-1874

Wöchentliche Unterhaltung 1819-1829

Didaskalia 1823-1881, 1898-1913, 1921-1934

Frankfurter Konversationsblatt 1832-1863

Volksbote 1849-1856

Frankfurter Nachrichten 1855-1933

Frankfurter Latern 1860-1892

Frankfurter Tageblatt 1863-1869

Frankfurter Beobachter 1871-1881

Frankfurter Zeitung 1876-1881, 1885, 1906-1924, 1930-1934, 1936-1943

Kleine Presse 1885-1922, unbenutzbar, Mikrofilme StUB!

Frankfurter Nachrichten 1888-1933

General-Anzeiger 1913-1918

Zum größeren Teil aus der Doublettenserie der Stadt- und Universitätsbibliothek, lückenhaft, komplette Serien dort; Jung S. 232: XXI.

C 2 Nach 1945:

Frankfurter Allgemeine Zeitung

Frankfurter Neue Presse

Frankfurter Nachrichten mit Stadtteilausgaben

Frankfurter Rundschau mit Lokal-Rundschau und Lokalanzeiger

Höchster Kreisblatt

D **Hand- und Adreßbücher**

1 Rats- und Stadtkalender 1734-1806

2 Handlungskalender 1773-1833

3 Meßschemata 1775-1836

4 Staatskalender/-handbücher 1807-1866

5 Gewerbekalender 1819-1835

6 Börsenanschläge 1820-1825

7 Adreßbücher 1832-1984, Benutzungsbeschränkung aus konservatorischen Gründen, Microfiches!

8 Almanach der Frankfurter Wirtschaft 1960-1976

7. Literatur zu Geschichte und Beständen des Frankfurter Stadtarchivs

7.1. Zur Geschichte des Stadtarchivs:

Frankfurt am Main und seine Bauten. Hrg. vom Architekten- und Ingenieur-Verein. Frankfurt am Main 1886, S. 134-136.

Die Baudenkmäler in Frankfurt am Main ..., bearbeitet von Carl WOLFF und Rudolf JUNG. 2. Bd. Weltliche Bauten, Frankfurt am Main 1898, S. 249 f. (Turm Frauenrode).

QUILLING, F.: Führer durch das Städtische Historische Museum zu Frankfurt am Main. Frankfurt am Main 1903.

JUNG, Rudolf: Das Frankfurter Stadtarchiv. Seine Bestände und seine Geschichte. Veröffentlichungen der Historischen Kommission der Stadt Frankfurt am Main 1. Frankfurt am Main 1909.

GERBER, Harry: Unser Stadtarchiv. In: Nachrichten des Merton-Schulvereins e.V. Jg. 9 Nr. 3, 1927, S. 23-24, Frankfurt am Main.

Minerva-Handbücher. Die Archive Bd. 1. Deutsches Reich u.a. Hrg. P. WENTZKE und G. LÜDTKE. Berlin/Leipzig 1932, S. 107-110.

500 Jahre Frankfurter Stadtarchiv 1436/1936. Von Otto RUPPERSBERG. Reichsgeschichtliche Quellen im Frankfurter Stadtarchiv in der Zeit von 1500-1555. Von Harry GERBER. Mitteilungen aus dem Frankfurter Stadtarchiv H. 1/2, Frankfurt am Main 1936.

Führer durch die kulturellen Einrichtungen der Stadt Frankfurt am Main. Hrg. von R. OEHLER, Frankfurt am Main 1936, S. 57-63 (RUPPERSBERG, O.).

Guide to the Cultural Institutions of Frankfurt am Main. Ed. R. OEHLER. Frankfurt am Main 1936, S. 58-65 (RUPPERSBERG, O.).

500 Jahre Frankfurter Stadtarchiv. In: Blätter für deutsche Landesgeschichte 83, 1937, S. 130-132.

RUPPERSBERG, O.: 500 Jahre Frankfurter Stadtarchiv. In: Archivalische Zeitschrift 45, 1939, S. 202-207.

Lagebericht Stadtarchiv Frankfurt. In: Der Archivar 1, 1948, S. 62-63.

MEINERT, Hermann: Das Stadtarchiv Frankfurt am Main im zweiten Weltkrieg. (Mit einer [vorläufigen] Übersicht der vernichteten Bestände). In: Archiv für Frankfurts Geschichte und Kunst F. 5, Bd. 1, H. 1, 1948, S. 35-41.

Die musische Stadt. Geistiges Leben in Frankfurt am Main. Im Auftrage des Amts für Wissenschaft, Kultur und Volksbildung der Stadt Frankfurt am Main. Hrg. von W.H. SEIBER. Frankfurt am Main o.J. [1956], S. 32-34.

Frankfurt am Main 1945-1965. Ein 20-Jahresbericht der Stadtverwaltung FfM. Hrg. vom Magistrat der Stadt FfM, S. 160-162.

SCHMIDT, Arnim: Frankfurt im Feuersturm. Die Geschichte der Stadt im Zweiten Weltkrieg. Frankfurt am Main 1965, S. 84-86.

7.1. KLÖTZER, Wolfgang: Das Familienarchiv der BETHMANNs, Geschäftsurkunden als wichtiger Beitrag zur Stadtgeschichte, in: Frankfurt Lebendige Stadt 4/1965, S. 30-33.

Ders.: Dokumentation in Kommunalarchiven. Erfahrungen des Stadtarchivs Frankfurt am Main, in: Der Archivar 19, 1966, Heft 1, Sp. 45-50.

Ders.: Stadtarchiv Frankfurt am Main. In: Mitteilungen aus den Hessischen Staatsarchiven 6, 1978, S. 3-5.

Ders.: Bild-, Film- und Tondokumentation im Stadtarchiv am Beispiel Frankfurt am Main. Ebenda, 11, 1980, S. 3-7.

BUND, Konrad: Untersuchungen zu Chronologie, Quellenproblematik und Quellenwert der ältesten Memorialüberlieferung des Frankfurter St. Bartholomäusstifts. Mit einem Exkurs zu angeblich 1944 verbrannten Büchern des Stifts und zur Chronologie der *fogelweider*-Einträge in den Bartholomäusbüchern II 7 und II 11. Hessisches Jahrbuch für Landesgeschichte 32, 1982, S. 19-61.

Ders.: Zur Quellenüberlieferung der Gutenbergzeit im Stadtarchiv Frankfurt am Main. Gutenberg-Jahrbuch 1983, S. 22-23.

7.2. Findbücher und Beständepublikationen:

BOEHMER, Joh. Friedrich: Codex diplomaticus Moenofrancofurtanus. **Urkundenbuch** der Reichsstadt Frankfurt. 794-1400. Frankfurt am Main 1836.

JANSSEN, Johannes: Frankfurts **Reichscorrespondenz** nebst anderen verwandten Aktenstücken von 1376-1519. 2 Bde., Freiburg/Br. 1866/1872.

FRONING, Richard: Frankfurter **Chroniken** und annalistische Aufzeichnungen des Mittelalters. Quellen zur Frankfurter Geschichte, 1. Bd., Frankfurt am Main 1884.

JUNG, Rudolf: Frankfurter **Chroniken** und annalistische Aufzeichnungen der Reformationszeit. Nebst einer Darstellung der Frankfurter Belagerung von 1552. Quellen zur Frankfurter Geschichte 2. Bd., Frankfurt am Main 1888.

GROTEFEND, Hermann: **Inventare** des Frankfurter Stadtarchivs.

1. Bd. [Reichssachen I, 1330-1499]. Frankfurt am Main 1888.

JUNG, Rudolf: **Inventare** des Frankfurter Stadtarchivs.

2. Bd. [Reichssachen-Urkunden 1170-1499, Rachtungen 1328-1499, Dienstbriefe 1335-1499, Reichssachen-Nachträge 1330-1499]. Frankfurt am Main 1889.

3. Bd. [Privilegien 1219-1499, Kaiserschreiben 1320-1499, Kopialbücher 1228-1499, Wahltagsakten 1314-1499, Reichstagsakten 1397-1499]. Frankfurt am Main 1892.

4. Bd. [Münzwesen 1350-1499, Acht und Aberacht 1394-1499, Nachträge 1275-1499, Register]. Frankfurt am Main 1894.

7.2. BOEHMER, Joh. Friedrich, und LAU, Friedrich: **Urkundenbuch** der Reichsstadt Frankfurt am Main. 1. Bd. (794-1314), Frankfurt am Main 1901; 2. Bd. (1314-1340), Frankfurt am Main 1905.

BÜCHER, Karl, und SCHMIDT, Benno: Frankfurter **Amts- und Zunfturkunden** bis zum Jahre 1612. Veröffentlichungen der Historischen Kommission der Stadt Frankfurt am Main VI. 1. Teil, 1. und 2. Bd. Frankfurt am Main 1914, 2. Teil, Frankfurt am Main 1915.

ANDERNACHT, Dietrich, und STAMM, Otto: Die **Bürgerbücher** der Reichsstadt Frankfurt 1311-1400 und das Einwohnerverzeichnis von 1387. Frankfurt am Main 1955.

WOLF, Armin: Die **Gesetze** der Stadt Frankfurt am Main im Mittelalter. Veröffentlichungen der Frankfurter Historischen Kommission XIII. Frankfurt am Main 1969.

ANDERNACHT, Dietrich, und BERGER, Erna: Die **Bürgerbücher** der Reichsstadt Frankfurt 1401-1470. Frankfurt am Main 1978.

Wahl und Krönung LEOPOLDs II. 1790. Brieftagebuch des Feldschers der kursächsischen Schweizergarde [= S 5/291]. Herausgegeben von Erna BERGER und Konrad BUND. Frankfurt am Main 1981.

BUND, Konrad: Johann Ludwig BACH und die Frankfurter Kapellmusik in der Zeit Georg Philipp TELEMANNs. Eine Untersuchung zu fünf im Stadtarchiv Frankfurt am Main neuentdeckten Kantatenfragmenten. Bach-Jahrbuch 1984, S. 117-129.

8. Abkürzungen, besonders Beständenamen (gebräuchliche Formen)

AA - Acht und Aberacht
AE - Acta ecclesiastica
AG - Arbeitsgemeinschaft
Arch.-Zug. - Archivalienzugang
BarfU - Barfüßerkloster, Urkunden
BB - St. Bartholomäusstift, Bücher
Baumb. - Baumeisterbücher
Bdb. - Bedebücher
Bgb. - Bürgerbücher
BL - Böhmer und Lau, Frankfurter Urkundenbuch
Bmb. - Bürgermeisterbücher
BSB - St. Bartholomäusstift, Städtische Bücher
BSU - St. Bartholomäusstift, Städtische Urkunden
Btb. - Botenbücher
BU - St. Bartholomäusstift, Urkunden
BV - Bürgerverzeichnisse
CVJM - Christlicher Verein Junger Männer
DNVP - Deutschnationale Volkspartei
DomU - Dominikanerkloster, Urkunden
DomSU - Dominikanerkloster, Städtische Urkunden
DOSU - Deutscher Orden, Städtische Urkunden
FrA - Fremde Archivalien
Gb. - Gesetzbücher
Grb. - Gerichtsbücher
Hdwb. - Handwerkerbücher
HM - Historisches Museum
HV - Häuserverzeichnis
Isb. - Insatzbücher
IG - Industriegewerkschaft
JohB - Johanniter-Bücher
K - Kartei
KarmU - Karmeliterurkunden
Kb. - Kopialbücher
KK - Kaiserliche Kommission
KS - Kaiserschreiben
LeB - Leonhardstift, Bücher
LeU - Leonhardstift, Urkunden
LiB - Liebfrauenstift, Bücher
LiSU - Liebfrauenstift, Städtische Urkunden
LiU - Liebfrauenstift, Urkunden
M - Messe
Mag. - Magistratsakten
Mgb - Mittelgewölbebuch
Mw. - Münzwesen
Ne. - Neustadt
Ni. - Niederstadt
O. - Oberstadt
OB - Oberbürgermeister
o.B. - ohne Bezeichnung
o.S. - ohne Signatur
Pr. - Privilegien
PreMi. - Predigerministerium
Rchb. - Rechenbücher
ReK - Reformiertes Kirchenwesen
Rep. - Repertorium (Findbuch)
RKG - Reichskammergericht
RS I-III - Reichssachen I-III
RSN - Reichssachen-Nachträge

Rsp. - Ratschlagungsprotokolle
RSt - Reichssteuer
RSU - Reichssachen-Urkunden
RtA - Reichstagsakten
Sa. - Sachsenhausen
SenSuppl. - Senatssupplikationen
StUB - Stadt- und Universitätsbibliothek
Ugb - Untergewölbebuch
VDE - Verein Deutscher Elektroingenieure
VHS - Volkshochschule
Vorg. - Vorgang
WtA - Wahltagsakten
ZA - Zensurakten

9. Index der Personen, Sachen und Abbildungen.

Von Monika SALET.

Die Einordnung der Stichwörter erfolgte streng nach der mechanischen alphabetischen Buchstabenfolge (dabei ä = ae). Nur Doppelnamen wurden wie in amtlichen Verzeichnissen dem Einfachnamen hintangestellt. Unter den Sammelbegriffen "Reichsstadt Frankfurt" (bis 1806) und "Freie Stadt Frankfurt" (1815-1866) wird auf die Stadt und ihre Institutionen betreffende Begriffe und Bestände verwiesen. Unter "Frankfurt" bzw. "Frankfurter" finden sich in erster Linie Verweise auf Stichwörter, bei denen diese Wörter einen Namensbestandteil bilden, nicht dagegen Frankfurter Institutionen, diese sind unter dem Namen der Institution zu suchen. Annalen, Chroniken, Aufzeichnungen u.ä. wurden unter dem Stichwort "Erzählende Quellen" chronologisch nach dem Einsetzen ihrer Überlieferung zusammengefaßt. Auf inhaltlich verwandte oder zusammengehörige Begriffe/Bestände wurde mit "s.a." verwiesen. **Fettgedruckte Seitenzahlen** verweisen auf **Abbildungen**.

10. Weitere Archive in Frankfurt am Main.

Zusammengestellt aufgrund der Übersicht "Archive und Archivare in der Bundesrepublik Deutschland...", herausgegeben vom Verein deutscher Archivare, 14. Auflage, München 1986.

10.1. Staatliche Archive

Bundesarchiv, Außenstelle Frankfurt
Seckbächer Gasse 4, 6000 Frankfurt am Main 1, Tel.: 069/212-5220
Schenk, Johann Dr., AOR, Leiter der Außenstelle; Jaenicke, Beatrix AOInsp

10.2. Kommunale Archive

- Kreisarchive

Main-Taunus-Kreis, Kreisarchiv, Bolongarostraße 101, Postfach 800460, 6230 Frankfurt am Main 80 (Höchst), Tel.: 069/31-031
Kleipa, Dietrich Kreisheimatpfleger

10.3. Kirchliche Archive

- Katholische Kirche

Archiv der Domgemeinde, Domplatz 14, 6000 Frankfurt am Main 1, Tel.: 069/284324
Kinkel, Walter Rektor, Tel.: 069/672232

10.4. Archive der Wirtschaft

- Wirtschaftsarchive

Institut für bankhistorische Forschung e.V., Goetheplatz 9, 6000 Frankfurt am Main 1, Tel.: 069/287739
Braun, Hanne Dr.

- Verbandsarchive

Verband der Chemischen Industrie e.V., Karlstraße 21, 6000 Frankfurt am Main 1, Tel.: 069/2556-562
Gimbel, Gisela Betriebswirt BWA

Bundesverband der Pharmazeutischen Industrie e.V., Verbandsdokumentation, Karlstraße 21, 6000 Frankfurt am Main 1, Tel.: 069/2556-264
Kiok, Ute; Quint, Sabine

- Firmen- und Werksarchive

AEG-Telefunken, Zentralabteilung, Öffentlichkeitsarbeit/Firmenarchiv, Theodor-Stern-Kai 1, 6000 Frankfurt am Main 70, Tel.: 069/600-3840
Rangnick, Doris

Bank für Gemeinwirtschaft AG, HV-Abt. Volkswirtschaft und Presse/Volkswirtschaftliches Archiv, Theaterplatz 2, Postfach 110222, 6000 Frankfurt am Main 1, Tel.: 069/258-6404
Schniedewind, Susanne Dipl.-Volkswirtin

Cassella AG, Hanauer Landstraße 526, 6000 Frankfurt am Main 61, Tel.: 069/4109-2284
Ruhland, Ingeborg

Degussa, Weißfrauenstraße 9, Postfach 110533, 6000 Frankfurt am Main 1, Tel.: 069/218-2435
Wolf, Mechthild Dr.

Deutsche Bank AG/Zentralarchiv, Taunusanlage 12, 6000 Frankfurt am Main 1, Tel.: 069/7150-3133
Pohl, Manfred Dr., Direktor des Zentralarchivs; Raab-Rebentisch, Angelika Stellv. Leiterin

Deutsche Bundesbank, Wilhelm-Epstein-Straße 14, Postfach 2633, 6000 Frankfurt am Main 50, Tel.: 069/158-2692
Bibliothek/Archiv/Dokumentation: Morris, Arno Dr.
Historisches Archiv: Frankerl, Johann; Fitzner, Karin

Flughafen Frankfurt am Main, Luftfahrthistorische Sammlung, Archiv für Fluggeschichte/Abt. PR II, 6000 Frankfurt am Main 75, Tel.: 069/690-6076
Wustrack, Michael Dr. Leiter

Frankfurter Hypothekenbank AG, Junghofstraße 5-7, Postfach 2909, 6000 Frankfurt am Main 1, Tel.: 069/29898-0
Keller-Sjölie, Brigitte

Hoechst AG, Postfach 800320, 6230 Frankfurt am Main 80 (Höchst), Tel.: 069/305-6988
Simon, Manfred Dr., ALeiter

Metallgesellschaft AG, Reuterweg 14, Postfach 101501, 6000 Frankfurt am Main 1, Tel.: 069/159-2192
Schreiber, Hans ALeiter; Becker, Hannelore Archivarin

10.5. Parlamentsarchive und Archive politischer Parteien und Verbände

Deutsche Postgewerkschaft, Hauptvorstand/Archiv und Bibliothek, Rhonestraße 2, Postfach 710238, 6000 Frankfurt am Main 71, Tel.: 069/6995-462
Morgan, Dagmar Dr.

Dokumentationsarchiv des Deutschen Widerstandes 1933-1945, Rossertstraße 9, 6000 Frankfurt am Main 1, Tel.: 069/721575

Industriegewerkschaft Metall für die Bundesrepublik Deutschland, Vorstand/Zentralbibliothek (mit Sondersammlung "Gewerkschaftl. Periodica und Publikationen vor 1933"), Wilhelm-Leuschner-Straße 79-85, 6000 Frankfurt am Main 1, Tel.: 069/2647-234
Bippig, Karl-Heinz Leiter

10.6. Presse-, Rundfunk- und Filmarchive

- Archive von Fernseh- und Rundfunkanstalten

Deutsches Rundfunkarchiv, Bertramstraße 8, Postfach 100644, 6000 Frankfurt am Main 1, Tel.: 069/550666
Vorstand: Heckmann, Harald Dr.

Historisches Archiv der ARD: Pfeiffer, Trude; Diller, Ansgar Dr.; Halefeldt, Horst O.
Referat Hörfunk/Wort: Roller, Walter; Loew, Bernd
Referat Musik: Thaler, Lotte Dr.; Klügl, Michael
Referat Fernsehen: Klünder, Achim
Katalog und Zentrale Schallplattenkatalogisierung (ZSK): Krust, Wolfgang
Technik: Schubert, Hans; Growe, Angelika
Verwaltung: Grospietsch, Wolfgang
EDV: Stoessel, Klaus

Hessischer Rundfunk, Bertramstraße 8, Postfach 3111, 6000 Frankfurt am Main 1, Tel.: 069/155-2519
Abt. Dokumentation und Archive: Sieber, Wolfgang Dr., M.A.
Schallarchiv: Müller, Helmut
Zwischenarchiv (Hörfunk): Herget, Erich
Katalog (Musik): Kienz, Friedrich
Notenarchiv: Bojanowski, Gerhard
Film und Video: Knuth, Rainer
Pressearchiv: Goldberg, Christian
Bibliothek: Wagner, Gisela
Manuskripte und Akten: Kerbel, Kurt

- Presse- und Bildarchive

Deutsches Institut für Filmkunde e.V./Abt. Dokumentation und Information, c/o Deutsches Filmmuseum, Schaumainkai 41, 6000 Frankfurt am Main 70, Tel.: 069/617045-46
Albrecht, Gerd Dr., Direktor; Spiess, Eberhard Stellv. Direktor

"Frankfurter Allgemeine Zeitung"/Zentralarchiv, Hellerhofstraße 2-4, Postfach 2901, 6000 Frankfurt am Main 1, Tel.: 069/75911
Englert, Marianne

"Frankfurter Neue Presse" und "Abendpost/Nachtausgabe"/Zentralarchiv, Frankenallee 71-81, Postfach 2929, 6000 Frankfurt am Main 1, Tel.: 069/7501-346/47
Cramm, Jürgen

"Frankfurter Rundschau", Große Eschenheimer Straße 16-18, Postfach 100660, 6000 Frankfurt am Main 1, Tel.: 069/21991
Redaktionsarchiv: Kunde, Dieter
Bildarchiv: Stegenwahner, Hans-Peter

Gemeinschaftswerk der Evangelischen Publizistik e.V./Archiv, Friedrichstraße 2-6, Postfach 174192, 6000 Frankfurt am Main 1, Tel.: 069/7157-0
Papsdorf, Helga M.A.

Media-Perspektiven, Am Steinernen Stock, 6000 Frankfurt am Main 1, Tel.: 069/1552858
Medien-Dokumentation: Hung, Nguyen Thanh Dr.; Höhner, Bärbel; Oeveste, Renate zur Dipl.-Dok.

10.7. Universitätsarchive und Archive wissenschaftlicher Institutionen

- Universitäts- und Hochschularchive

Hochschule für Musik und darstellende Kunst, Archiv, Eschersheimer Landstraße 37, 6000 Frankfurt am Main 1, Tel.: 069/550826
Kissel, Kurt

Universitätsarchiv (im Aufbau) der Johann Wolfgang Goethe-Universität, über: Seminar für Mittlere und Neuere Geschichte, Senckenberganlage 31, 6000 Frankfurt am Main 1, Tel.: 069/798-2373
Hammerstein, Notker Prof. Dr.

- Archive sonstiger wissenschaftlicher Institutionen

Bundespostmuseum/Archiv und Bibliothek, Schaumainkai 53, 6000 Frankfurt am Main 70, Tel.: 069/6060-1
Leclerc, Herbert OAmtsR

Feministisches Archiv und Dokumentationszentrum, Arndtstraße 18, 6000 Frankfurt am Main 1, Tel.: 069/775044
Mohrdieck, Brigitta

Freies Deutsches Hochstift/Frankfurter Goethe Museum, Großer Hirschgraben 23-25, 6000 Frankfurt am Main 1, Tel.: 069/282824
Perels, Christoph Dr., Direktor; Behrens, Jürgen Dr., Kustos; Hopp, Doris M.A., WissMitarb; Maisak, Petra Dr., WissMitarb

Institut für Allgemeine Erziehungswissenschaften der Johann Wolfgang Goethe Universität, Archiv für Hessische Schulgeschichte, Feldbergstraße 42, 6000 Frankfurt am Main 1, Tel.: 069/798-2838
Bruske, Wolfgang

Schopenhauer-Archiv bei der Stadt- und Universitätsbibliothek Frankfurt, Bockenheimer Straße 134-138, 6000 Frankfurt am Main 1, Tel.: 069/7907249
Estermann, Alfred Dr., Leiter

ABBILDUNGSNACHWEIS

Alle Abbildungen, wenn nicht anders angegeben, Stadtarchiv Frankfurt am Main. Der Verfasser dankt den Fotografinnen Christa Holscher, Ruth Neumann und Ursula Seitz-Gray für ihren langjährigen unermüdlichen Einsatz für die Bilddokumentation des Stadtarchivs im Allgemeinen und für diese Publikation im Besonderen.

Fotos S. 58 unten Hans Rempfer, 149 oben Roebild, u. Foto-Kochmann/Hochstadt, 152 o. Associated Press Photo, u. DPA-Bild, 156 DPA-Bild, 158 o. Rempfer, u. Manfred A. Tripp, 159 o. Sabine Brunk, u. Klaus Meier-Ude, 160 Fritz Günther, 170 u. Dr. Wolff & Tritschler, 171 o. Tadeusz Dabrowski, 172 u. Günther, 173 u. Dieter Michel, 174 Meier-Ude, alle FfM.

Mitteilungen aus dem Frankfurter Stadtarchiv

1 RUPPERSBERG, Otto: 500 Jahre **Frankfurter Stadtarchiv.** Frankfurt am Main 1936. Vergriffen!

2 GERBER, Harry: **Reichsgeschichtliche Quellen** im Frankfurter Stadtarchiv von 1500 bis 1555. Frankfurt am Main 1936. Vergriffen!

3 BUND, Konrad: 1436-1986. 550 Jahre Stadtarchiv Frankfurt am Main. Eine **Kurzübersicht über seine Bestände.** Frankfurt am Main 1986. 313 S., 212 Abb., davon 35 farbig, 38,-- DM, ISBN 3-7829-0328-5.

4 **Frankfurter Glockenbuch,** herausgegeben von Konrad BUND. Frankfurt am Main 1986. 477 S., 359 Abb., 48,-- DM, ISBN 3-7829-0311-0.

5 BUND, Konrad: Stadtarchiv Frankfurt am Main, Repertorien Nr. 582: Findbuch zu den **Lersnermanuskripten** S 1/136 Nr. 1-479 (742)-1748. Mit Georg Ludwig KRIEGKs **Register zu Lersners Frankfurter Chronik.** Erscheint Anfang 1987.

6 BUND, Konrad: Stadtarchiv Frankfurt am Main, Repertorien Nr. 545: Findbuch der **Epitaphienbücher** (1238)-1928 und der **Wappenbücher** (1190)-1801. Mit einem Bildanhang u.a. der vollständigen farbigen Nachzeichnungen der ehemaligen **Malereien im Römer** aus dem sog. Fetterschen Wappenbuch. 1986. 176 S., 121 Abb., davon 88 farbig. Im Druck, ISBN 3-7829-0331-5.

7 BUND, Konrad: Stadtarchiv Frankfurt am Main, Repertorien Nr. 584: Findbuch zum Bestand **Ratswahlen** und **Ämterbestellungen** in der Reichs- und Freien Stadt Frankfurt am Main (1193)-1887. Erscheint 1987.

8 BUND, Konrad: Stadtarchiv Frankfurt am Main, Repertorien Nr. 527: Findbuch zum Bestand **St. Bartholomäusstift städtische Bücher** (742-1811). Erscheint 1987.

Eine weitere Publikation des Frankfurter Stadtarchivs

Die Stimme unserer Stadt. Das Frankfurter **Domgeläute** und das Frankfurter **Große Stadtgeläute,** vorgestellt von Konrad BUND, Doppel-LP mit Beiheft, 62 Seiten, 42 Abb., davon 2 farbig, 9 Grafiken. 2. Auflage, September 1986, 35,-- DM, ISBN 3-7829-0312-9, Bestell-Nr. BE 33.